エティエンヌ・ド・ラ・ボエシ
西谷 修 監修　山上浩嗣 訳

筑摩書房

目次

付論

凡例

1 本書全体を通して、『自発的隷従論』の諸版を、参考文献リスト（一六五―一六七頁）に記した略号によって指示する。

2 翻訳底本は *TOU.* 所収のテクスト（pp. 25-53）とする。このテクストは、原則的に「ド・メーム写本」（manuscrit De Mesmes）に依拠している（若干の例外箇所については、*TOU.* pp. 23-24 を参照）。なお、「ド・メーム写本」および『自発的隷従論』のテクストの伝承については、本書解題注（17）（一六〇―一六一頁）を参照のこと。

3 本文中、文脈を考慮して訳者が改行を行った（「ド・メーム写本」では、詩文の引用箇所を除いて改行は皆無であり、*TOU.* 所収のテクストでも改行はもっと少ない）。また、小見出しも原文にはなく、訳者が付した。

4 本文中の〔 〕で示した部分は、訳者による付加である。

5 人名・神名についての訳者注は＊1、＊2……で、その他の訳注は（1）（2）……で示した。

6　引用句（やそれに準ずる語句）の出典に関しては、主として*A.L.L.* と *S.M.* の注を参照するが、本書の注への採録は、原則として訳者が実際に確認できたものにとどめる。

7　モンテーニュ『エセー』との関連が見いだされる場合、訳注にて当該箇所を可能なかぎり引用する。その際、原二郎訳（岩波文庫、全六巻）の巻号と頁を記す。

自発的隷従論(1)

上：ラ・ボエシ像（サルラ）
下：ラ・ボエシの生家（サルラ）

一者支配の不幸

主君が複数いても、なにもよいことはない。
頭《かしら》でも王でも、たったひとりが望ましい。(2)

と、ホメロスの作中のオデュッセウスは言い放った。彼が、

主君が複数いても、なにもよいことはない。

としか言わなかったとすれば、至言となったことだろう。もし説明するのなら、次のように言うべきであった。たったひとりの者でも、主君という称号を得たとたんに、その権力は耐えがたく、理を外れたものになるのだから、ましてや複数者による支配

など、よきものであるはずがない、と。だがオデュッセウスは、こともあろうにこんな句をつけ加えてしまった。

　頭でも王でも、たったひとりが望ましい。

　もしかしたら、オデュッセウスにも弁解の余地はあるかもしれない。軍の反抗を鎮圧するためにこのように言う必要があったのかもしれないのだ。思うに、彼は自分のことばを、真実によりもむしろ時勢に適応させたのだった。

　しかしながら、冷静に考えてみれば、ひとりの主君に服従することは、不幸の極みである。その者が善人であるという保証はまったくないからだ。彼はいつでもみずからの権限で悪人になれるわけだ。すると、複数の主君をもつ場合、その数がふえればふえるほど不幸の度合いがはなはだしくなる[3]。だが、いまのところ私は、これほどまでさかんに議論されてきた問題、すなわち、国制[4]のほかのありかたが単独支配制[5]よりもすぐれているかどうかという問題について議論するつもりはない。が、それでも私は、単独支配制がさまざまな国制の間でいかなる位置を占めるのかということを考える前に、そもそもそれが国制のなかになんらかの位置を与えられるべきなのかどうかを知りたいと思う。というのも、全員がひとりに服従するこの統治形態において、なんらかの公共的なものがあると考えるのは困難だからだ。しかし、この問題はまたの機会に譲ろう。それだけで十分に一篇の論文を要することだろう。というよりもむしろ、それは同時に、政治に関するあらゆる議論を引き起こすことだろう。

多数者が一者に隷従する不思議

ここで私は、これほど多くの人、村、町、そして国が、しばしばただひとりの圧政者を耐え忍ぶなどということがありうるのはどのようなわけか、ということを理解したいだけである。(6)その者の力は人々がみずから与えている力にほかならないのであり、その者が人々を害することができるのは、みながそれを好んで耐え忍んでいるからにほかならない。その者に反抗するよりも苦しめられることを望むのでないかぎり、その者は人々にいかなる悪をなすこともできないだろう。

何百万もの人々がみじめな姿で隷従しているのを目にするのは、たしかに一大事だとはいえ、あまりにもありふれたことなので、それを痛ましく感じるべきではあっても、驚くにはあたらない。彼らはみな、巨大な力によって強制されてというのではなく、たんに一者の名の魔力にいくぶんか惑わされ、魅了されて、軛《くびき》の下に首を垂れているように私には思われる。しかし、たったひとりである以上、その者の力のごときは恐るるに足りないのだし、〔隷従する〕彼らに対しては残酷で獰猛にふるまうのであるから、その者に美質があったとしても、そんなものを愛する必要はないはずである。

われわれ人間は弱いものであって、力に服従しなければならないこともしばしばである。だから、時機を見定める必要がある。だれもつねに最強でいることはできないのだ。したがって、三十人僭主のもとでのアテナイの町(7)のように、もし国全体が戦争の力によってひとりの者に隷従することを強いられたとしても、その隷従に驚くのではなく、その出来事を嘆かなければならない。あるいはむしろ、驚くのでも嘆くのでもなく、その悪に辛抱強く耐え、来るべきよりよき命運に備えなければならない(8)。

われわれの本性からして、友愛という公共の義務は、われわれの生涯の大部分を占めている。よって、徳を愛し、勲功を敬い、善とそれが生じた原因に感謝し、ときには自分の安楽を犠牲にして、敬愛する相手、敬愛に値する相手の名誉や利益を高めるのに努めること、これが理性にかなった態度である。したがって、もし一国の住民が、自分たちの安寧を維持するためのすぐれた見通し、自分たちを敵から守るためのすぐれた胆力、自分たちを統治するためのすぐれた配慮を備えていることを、言行によって示してくれるような偉大な人物を見つけたとすれば、やがてその人物に服従することに慣れ、彼を誇りに思い、いくぶんかの優位を授けるにいたるものである。だが、せっかく善行をなしていたいままでの地位からその者をどけて、わざわざ悪をなすかもしれないような場所に据えるのが賢明なことかどうか、私にはわからない。もっとも、善だけを与えてくれた人物ならば、いかなる悪行の心配もなかろうと考えるのは、少なくとも善意を示すことになるとは言えよう。

それにしても、おお神よ、これはいったいどういうわけなのだろうか。これをはたしてなんと呼ぶべきか。なんたる不幸、なんたる悪徳、いやむしろ、なんたる不幸な悪徳か。無限の数の人々が、服従ではなく隷従するのを、統治されているのではなく圧政のもとに置かれているのを、目にするとは！　しかも彼らは、善も両親も、妻も子どもも、自分の意のままになる生命すらもたず、略奪、陵辱、虐待にあえいでいる。

それも、軍隊の手になるのでもなく、蛮族の一群の手になるのでもない（そんなものが相手なら、血や生命を犠牲にするのもやむをえまい）、たったひとりの者の所業なのである。しかもそいつは、ヘラクレス[*1]でもサムソン[*2]でもなく、たったひとりの小男、それもたいていの場合、国じゅうでもっとも臆病で、もっとも女々しいやつだ。そいつは戦場の火薬どころか、槍試合の砂にさえ親しんだことがあるかどうかも怪しいし、男たちに力ずくで命令を下すことはおろか、まったく弱々しい小娘[9]に卑屈に仕えることすらもかなわないのだ[10]！　このようなありさまを、臆病によるものと言えるだろうか。隷従する者たちが腰抜けで、憔悴しきっているからだと言えるだろうか。

仮に、二人が、三人が、あるいは四人が、ひとりを相手にして勝てなかったとしても、それはおかしなことではあれ、まだありうることだろう。その場合は、気概が足りなかったからだと言うことができる。だが、百人が、千人が、ひとりの者のなすがままじっと我慢しているようなとき、それは、彼らがその者をやっつける勇気がないのではなく、やっつけることを望んでいないからだと言えまいか。臆病によるのではなく、むしろ相手を見くびっているから、嘲っているからだと言えまいか。また、百人の、千人の人間ではなく、百の国、千の町、百万の人が、その全員のなかでもっとも優遇されている者にすらも隷従と奴隷の扱いを強いているたったひとりの相手に襲いかからないのを目にした場合、われわれはそれをなんと形容すればよいだろう。これを臆病と言えるだろうか。

そもそも、自然によって、いかなる悪徳にも超えることのできないなんらかの限界が定められている。二人の者がひとりを恐れることはあろうし、十人集まってもそういうことがありうる。だが、百万の人間、千の町の住民が、ひとりの人間から身を守らないような場合、それは臆病とは言えない。そんな極端な臆病など決してありえない。それは、たったひとりの人間が城塞をよじ登り、軍隊を殲滅《せんめつ》し、国家を征服するほどの勇敢さをもっているはずがないのと同様だ。では、これはどれほど異様な悪徳だろうか。臆病と呼ばれるにも値せず、それにふさわしい卑しい名が見あたらない悪徳、自然がそんなものを作った覚えはないと言い、ことばが名づけるのを拒むような悪徳とは。

自由への欲求が勇気を与える

一方に武装した五万人、他方にも同じだけの人数を置いてみよう。そして、会戦させてみよう。一方はみずからの自立を守るために戦う自由な軍であり、他方はその自立を妨げようとする軍である。どちらが勝利を収めると推測できるだろうか。苦しみの代償としてみずからの自由の維持を望む人々と、攻撃を与えたり受けたりすることの代価として他者の隷従しか期待できない人々の、どちらがより勇敢に戦いに赴くと考えられるだろうか。

前者には、いつも目の前に過去の生活の幸福と、未来にも同様の安楽が続くことへの期待がある。心を占めているのは、戦いが続く間みずからが耐えるべき些細《ささい》なことがらよりもむしろ、彼らとその子どもたちが子々孫々永遠に耐え忍ばねばならないことがらである。それに対して後者には、みずからを奮い立たせるものとしては、ほんの少しの欲望のほかにはなにもない。そんな欲望は、危険に際してすぐに萎えてしまうものであり、傷口からたった一滴でも血が流れるや、すぐに消え去ってしまうほど冷めやすいものであろう。

かつて、ミルティアデス[*3]、レオニダス[*4]、テミストクレス[*5]らのいとも誉れ高い戦闘があった。二千年も前に生じたものだが、つい先日の出来事であるかのように、今日なお書物と人々の記憶のうちに鮮やかである。戦いはギリシア人の益を守るためにギリシアで起こり、世のすべての人々の模範となった。この戦いにおいて、当時のギリシア人のような数に劣った人々に、力ではなく、勇気を与えたのはなんであったと思われるか。その勇気たるや、海をも埋めつくさんばかりの強力な大艦隊に抗し、大隊の隊長の数が自軍の中隊の兵員数をしのぐほど多くの民を擁する国を、うち破ったのである。かくも栄光に満ちた日々のなかで、これほどの勇気をもたらしたのは、ペルシア人に対するギリシア人の戦いというよりむしろ、支配に対する自由の、征服欲に対する自立への欲求の勝利であったと考えられまいか。

自由はただ欲すれば得られる

自由がそれを守る者たちの心のなかに勇気を注ぎ込む、などと耳にすれば、きっと驚くことであろう。だが、ひとりの者が十万の人々を虐待し、その自由を奪うなどということが、あらゆる国々で、あらゆる人々の身の上に、毎日生じている。これを耳にしたところで、実際に目にしないならば、一体だれが信じられるだろうか。そして、もしそれが見知らぬ国やかなたの土地だけで起こっていて、人から伝え聞くのみであったなら、そんなことは作り話であって、とうてい真実の話ではないと思わない者が、はたしているだろうか。

ましてや、このただひとりの圧政者には、立ち向かう必要はなく、うち負かす必要もない。国民が隷従に合意しないかぎり、その者はみずから破滅するのだ。なにかを奪う必要などない、ただなにも与えなければよい。国民が自分たちのためになにかをなすという手間も不要だ。ただ自分のためにならないことをしないだけでよいのだ。したがって、民衆自身が、(11) 抑圧されるがままになっているどころか、あえてみずからを抑圧させているのである。彼らは隷従をやめるだけで解放されるはずだ。みずから隷従し喉を抉《えぐ》らせているのも、隷従か自由かを選択する権利をもちながら、自由を放棄してあえて軛につながれているのも、みずからの悲惨な境遇を受けいれるどころか、進んでそれを求めているのも、みな民衆自身なのである。

そもそも、彼らが自由を取りもどすのになにかを支払う必要があるのなら、私もあえてやかましくそうしろとは言わない。しかるに、人間がみずからの自然権[12]を取りもどし、いうなれば、獣の状態から人間の状態へと立ちもどること以上に大切なことがあるだろうか。だが、それでも私は、彼ら民衆がそれほどたいそうな勇敢さをもつことを望んでいるわけではない。安楽に生きたいという当てにもならぬ希望よりも、みじめな境遇でありながらもともかく生きられるという保証――それがどんなものかは知らないが――を好むというならば、それでよい。

それにしても、なんということか。自由を得るためにはただそれを欲しさえすればよいのに、その意志があるだけでよいのに、世のなかには、それでもなお高くつきすぎると考える国民が存在するとは！ 彼らは、ただ願うだけで自由を得ることができるのに、その財を取りもどすための意志を出し惜しんでいる。その財たるや、みずからの血を代償にしても贖《あがな》う必要のあるものなのに。それが失われれば、廉恥《れんち》の士ならばだれでも、もはや生を耐えがたく思い、喜んで死を遂げようと考えるものなのに。

たしかに、火は小さな火花から発して大きくなり、ますます強くなっていく。薪があればあるだけ、どんどん燃やそうとする。しかし、それを消そうと水をかけるまでもなく、たんにそれ以上薪をくべないでおけば、火はもはや燃やすものもなくなり、自然に小さくなって勢いも失われ、ついには消えてしまう。これと同様に、圧政者が、略奪し、増長し、ますます暴れまわり、破壊するようになればなるほど、人々は多くを与えるようになり、隷従の度合いもはなはだしくなる。そうなればまた圧政者は力をもち、どんどん強く元気になることで、すべてをむちゃくちゃにし、破壊しつくしてしまうのだ。しかし、彼らになにも与えず、まったく従うことをしなければ、戦わずとも、攻めかからずとも、彼らは裸同然、敗北したも同然であり、もはや無にひとしいものとなる。あたかも、根に水分や養分を与えなければ、枝が枯れて死んでしまうようなものだ。

勇敢な者ならば、みずからが求める善を得るためには、危険をまったく恐れない。知恵のある者は、苦労をまったく惜しまない。これに対して、臆病者や無気力な者は、悪に耐えることもできず、善を取りもどすこともかなわない。こうしてこの者たちは、善を望むことをやめる。臆病であることで、善を希求する力を失ってしまうのだ。しかし、善を求める欲望は、自然によって彼らにも残されている。善への欲望や意志は、賢者にも愚者にも、勇者にも臆病者にも共通しているのだ。彼らはみな、手に入ることで自分が幸福で満たされるものなら、どんなものでも望むものだ。だが、それにもたったひとつだけ例外がある。自然の力をもってしても、人間がそれを欲しがらないのはどういうわけか、私にはわからない。それこそが自由である。しかるにそれは、きわめて大きく、きわめて甘美な善なのであって、ひとたび失われるや、あらゆる悪という悪が群れをなしてやってきて、そこで辛うじて生きのびた善すらも、隷従によって台なしになり、すっかり味わいと風味を損なってしまうのである。こと自由にかぎっては、人間はまったく欲しない。その理由は、自由は欲するだけで得られるから、ということ以外にはないように思われる。ひょっとすると、この麗しい財産を拒むのは、ひとえに獲得があまりにもたやすいからではないだろうか。

民衆は隷従を甘受している

哀れでみじめな、愚かな民衆よ、みずからの不幸にしがみつき、幸福には盲目な人々よ！　あなたがたは、自分の財のうちでもっとも大切でひときわ目を引くものが、目の前から奪い去られるのを見過ごしている。自分の畑が略奪され、家屋が強奪され、そこから父祖伝来の家具調度がもち去られるのを黙って見ている。これは自分のものだとはっきりと言えるようなものなどなにひとつない状態で生きている。もはやまるで、自分の財産、家族、取るに足りない生命を借り受けるだけで、十分に幸せであるとでも言わんばかりだ。しかも、このような災難、不幸、破産状態は、いく人もの敵によってではなく、まさしくたったひとりの敵がもたらしている。そしてその敵をあなたがたは、あたかも偉大な人物であるかのように敬い、その者のためなら勇ましく戦争に行き、その威信のためなら、自分の身を死にさらすことも決していとわないのである。

そんなふうにあなたがたを支配しているその敵には、目が二つ、腕は二本、からだはひとつしかない。数かぎりない町のなかで、もっとも弱々しい者がもつものとまったく変わらない。その敵がもつ特権はと言えば、自分を滅ぼすことができるように、あなたがた自身が彼に授けたものにほかならないのだ。あなたがたを監視するに足る多くの目を、あなたがたが与えないかぎり、敵はどこから得ることができただろうか。あなたがたを打ち据えるあまたの手を、あなたがたから奪わねば、敵はどのようにして得たのか。あなたがたが住む町を踏みにじる足が、あなたがたのものでないとすれば、敵はどこから得たのだろうか。敵があなたがたにおよぼす権力は、あなたがたによる以外、いかにして手に入れられるというのか。あなたがたが共謀せぬかぎり、いかにして敵は、あえてあなたがたを打ちのめそうとするだろうか。あなたがたが、自分からものを奪い去る盗人をかくまわなければ、自分を殺す者の共犯者とならなければ、自分自身を裏切る者とならなければ、敵はいったいなにができるというのか。

あなたがたは果実を種から育てながら、わざわざ敵が荒らすに任せている。住まいに家財を整え、蓄えながら、わざわざ敵の略奪の餌食としている。娘たちを育てながら、わざわざ敵の淫欲を満たす道具としている。あなたがたが子どもを育てても、そのうち敵はその子らを戦争に連れて行き、殺戮の現場へと送りこむようになる。そのうち敵はその子らに自分の邪欲を満たす手はずを整えさせ、自分に代わって復讐を遂げさせるようになる。だがこれにしても、敵がその子らに対してなしうるもっともましなことにすぎない。あなたがたが身を粉にして働いても、それは結局、敵が贅沢に耽り、不潔で卑しい快楽に溺れるのを助長するばかりなのだ。あなたがたが衰弱すれば、敵はますます強く頑固になり、あなたがたをつなぎ止める手綱をもっと引きしめるようになる。

かくも卑劣な行いを少しでも感じたならば、獣たちでさえ決して耐えられないだろう。あなたがたは、わざわざそれから逃れようと努めずとも、ただ逃れたいと望むだけで、逃れることができるのだ。もう隷従はしないと決意せよ。するとあなたがたは自由の身だ。敵を突き飛ばせとか、振り落とせと言いたいのではない。ただこれ以上支えずにおけばよい。そうすればそいつがいまに、土台を奪われた巨像のごとく、みずからの重みによって崩落し、破滅するのが見られるだろう。

しかしながら、医師たちはなるほど、不治の傷には手を触れぬようにといつも忠告する。そこで私も、上のことに関して、民衆に説教を試みることが賢明だとは思わない。彼らは長らく判断力を完全に失ってしまっているのであり、もはや自分の不幸をも感じとれないことからして、その病《やまい》が致命的だということが、十分にうかがえるのだから。そこで、ここでは臆測によって――そんな臆測の手段が見つかれば、ではあるが――いかにして隷従へのあの執拗な意志が、いまや自由に対する愛さえもがそれほど自然のものとは思われないほどに、深く根を下ろすことになったのかを探求してみることにしよう。

人間は自然状態において自由である

第一に、私が信じるところ、自然が授けてくれた権利と、自然が伝えてくれる教訓をもって生きるならば、当然われわれは両親に服従し、理性のしもべとなり、だれにも隷従などしないであろうことは、疑う余地もない。[13]本性以外のいかなる忠告に従わずとも、各人は父母に服従の念を捧げているが、これについては、だれもが思い当たるにちがいない。理性について言えば、それがわれわれの誕生とともにそなわっているのか否かという問いが、アカデメイアの学者たち[14]によって徹底的に議論されてきたし、すべての哲学者によって取り扱われてきた。当面私は、次のように言ってもまったく誤りはないだろうと考える。すなわち、われわれの魂のなかには、生得的に理性の種子のようなものがあって、よき助言とよき習慣によって育てられれば徳として開花するが、反対に、しばしば起こるように、ふりかかってくる悪徳に抗して永らえることができない場合は、窒息し、流産してしまうのだ、と。

しかし、自然のなかに、一目瞭然で、見えないふりをすることなど許されようもないものがあるとすれば、それは、神のしもべで人間の支配者たる自然が、われわれがみな互いを仲間として、というよりはむしろ兄弟として認識しあえるように、全員を同じかたちに、同じ型《かた》をもちいて——と思われるほどだ——作った、ということである。そして、たとえ自然がわれわれに贈り物を分配する際に、その恵みを、一部の者の身体あるいは精神に、ほかの者よりもいくぶんか多く授けたとしても、自然はわれわれを、狭い闘技場のなかに閉じこめるような仕方で、この世界に置こうとしたのではないし、強い者、知恵ある者を、森のなかに武装した山賊を放つような仕方で、弱い者をいじめるために、この世に置いたのではない。そうではなくて、このように、ある者には大きな分け前を、ある者には小さな分け前を与えることによって、自然は兄弟愛を生じさせようとしたのだ。そして、ある者が人を助ける力をもち、ある者がそれを受け取る必要がある状況で、兄弟愛が行使されることを望んだのである。

したがって、次のことが言える。この自然という良母は、われわれみなに地上を住みかとして与え、いわば同じ家に住まわせたのだし、みなの姿を同じ型に基づいて作ることで、いわば、ひとりひとりが互いの姿を映しだし、相手のなかに自分を認めることができるようにしてくれた。みなに声とことばという大きな贈り物を授けることで、互いにもっとふれあい、兄弟のように親しみあうようにし、自分の考えを互いに言明しあうことを通じて、意志が通いあうようにしてくれた。どうにかして、われわれの協力と交流の結び目を強くしめつけようとしてくれた。われわれが個々別々の存在であるよりも、みなでひとつの存在であってほしいという希望を、なにかにつけて示してくれた。これらのことから、われわれが自然の状態において自由であることは疑いえない。われわれはみな仲間なのだから。そしてまた、みなを仲間とした自然が、だれかを隷従の地位に定めたなどという考えが、だれの頭のなかにも生じてはならないのである。

動物も自由を求める

とはいえ、実のところ、自由が自然のものであるかどうかを議論することは、まったくの無駄である。というのも、損害を与えることなしにはいかなる人も隷従させることはできないのだし、世のなかには、人に害を加えることほど、まったく理性にかなったものである自然に反することはないからだ。したがって、自由は自然であるということになるし、同様に、私の考えでは、われわれは生まれながらにして自由を保持しているばかりでなく、自由を保護する熱情をもっているのである。そこで、もしこのことが疑わしく思えたなら、もしわれわれが自分のもつ善も生来の欲望も見分けることができないほどに堕落してしまっているのなら、私はあなたがたにふさわしい名誉を回復してあげなければならないし、あなたがた自身の自然の状態と現在の状況を教えるために、いうなれば野獣どもを演壇にのぼらせなければならないであろう。[15][16] 人間がいくら耳の聞こえないふりをしても、動物たちは「自由万歳！」と叫ぶことだろう（神よ、そのためにどうかお力を！）。

動物のうちの多くは、とらわれたとたんに死んでしまう。魚が水から出たとたんに命を失うのと同様に、彼らはとらわれたとたんに生命の光を失い、生来の自由を失ってまで永らえようとはしないのだ。[17] もしも動物の間にも地位の優越というものがあるとすれば、彼らはこのような連中を貴族とするかもしれない。

ほかの動物たちも、からだの大きなものも小さなものも、つかまるときに、爪や角、くちばしや足で激しく抵抗することで、自分が失うものがいかに大切なものであるかをはっきりと示す。そしてひとたびとらえられれば、自分が不幸にあえいでいるということを知らせる明白な合図をいくつも送ってくるので、彼らにとってこの状態が、もはや生ではなく苦の状態でしかないということ、そしてまた、まだ生きているとしても、それは隷従の状態で満足しているからではなく、失われた幸福を嘆くためなのだということを、はっきりと知ることができるのである。

象は、力つきるまで身を守った末、もはや抵抗する手段も見いだせなくなり、まさにとらえられんとするときに、木と木の間にあごをはさみこみ、牙を折ってしまう。このありさまは、象がいまのまま自由の身でありつづけたいと切望するあまり知恵を得て、猟師たちに、自分の牙で支払うから許してくれないか、牙を身代金としてくれてやるかわりに自由を保証してもらえまいか、と交渉しようと考えているという以外に、一体なにを示しているだろうか。(18)

また、われわれは馬を隷従させるべく手なずけるために、生まれたときからすぐに餌をやるが、いくら優しくふれてやれるようになっても、調教しようとすれば、馬は轡《くつわ》にかみつき、拍車(19)に抗うものだ。これは馬が、隷従するのは自分の本意からではなく、そのように強制されているからだということを自然に対して示すため、あるいは少なくとも、自然によって証明するためであると思われる。

とすれば、次のように言うべきではないか。

牛たちでさえ軛の重みにうめき苦しみ、
鳥たちは籠《かご》のなかでその身を嘆く

これはかつて私が、フランス語の詩作に時をついやしていたときに作ったものである。[20]（おお、ロンガ*6よ、君にあてて文章を書くときは、自分の詩文をまったくためらわずに織りまぜることができる。私が詩文を吟ずるときには、君はかならず満足そうな顔をして、いつも私をたいそう喜ばせてくれるのだから。）

かくて、感覚をもつあらゆる存在は、それをもつのとまったく同時に、隷従を悪と感じ、自由を追い求めるのだし、また、動物たちも、人間に隷従すべく生まれてくるのに、正反対の欲望による反抗なしには隷従に慣れることができない。それならば、一体いかなる災難が、ひとり真に自由に生きるために生まれてきた人間を、かくも自然の状態から遠ざけ、存在の原初の記憶と、その原初のありかたを取りもどそうという欲望を、人間から失わせてしまったのだろうか。

圧政者の三種類

圧政者には、三つの種類がある。ある者たちは民衆の選挙によって、ある者たちは武力によって、そしてある者たちは家系の相続によって、それぞれ王国を所有している。戦勝の権利によって王国を獲得した者たちは、(よく言われるように)「彼らが征服地にいる」ことが、人にはっきりとわかるようにふるまう。生まれつき王であるような者も、たいていの場合、これらの者よりもましというわけではない。それどころか彼らは、圧政のただなかで生まれ育ったわけだから、圧政者の性質を乳とともに吸い、自分の下にいる民衆を、父祖から受け継いだ奴隷とみなす。そして、貪婪《どんらん》であれ放蕩であれ、とにかく自分がより傾く性格に応じて、意のままに、王国を自分が得た遺産であるかのようにあつかうのである。

民衆によって国家を与えられた圧政者については、前二者とくらべれば、まだしもましなはずだと思われる。しかしそれも、その者が、自分がほかの人々よりも高い地位にいるのだと考え、「偉大さ」と呼ばれるよくわからないものによって得意になり、金輪際その座から降りるまいと決意しないかぎりにおいてであると、私は考える。このような者はたいてい、民衆が自分にゆだねた権力を、わが子に与えようとする。そして、そうした考えを抱いたとたん、不思議なことに、ほかの種類の圧政者を、ありとあらゆる悪徳において——残酷さにおいてすらも——どこまでも凌駕してしまう。この種の圧政者は、新しく築いた圧政を維持する方法として、隷従をきわめて強く押しつけて、臣民を自由からずっと遠ざけることで、まだ〔自由の〕記憶が生々しいにもかかわらず、その記憶をすっかり失わせることしか思いつかないのだ。

したがって、実を言えば、私はこれら圧政者の間になんらかの差異を認めてはいるが、どれを選択すべきかということについては、まったくわからない。彼らの支配にいたる方法はさまざまでも、その支配の様態はほとんど同じである。民衆から選ばれた者たちは、臣民をまるで手なづけた猛牛のようにあつかう。征服者たちは、彼らをまるで自分の餌食のようにあつかう。そして圧政の継承者たちは、まるで生来の奴隷のようにみなすのである。

習慣としての隷従

ところで、もし今日、隷従に慣らされてもおらず、自由に惹きつけられてもいないような、まったく新たな人間が生まれ、隷従と自由のいずれについても、そのなんたるかを知らず、知っているのはせいぜい名前だけだったとして、彼ら自身が認める法律に従って、奴隷となるか、自由に生きるかのいずれかを選ぶようにしむけたとすれば、彼らは、ひとりの人間に隷従するよりは、ただ理性にのみ従うことを大いに好むにちがいない。そうしない者があるとすれば、それはイスラエルの民だけであろう。彼らは、強制されもせず、いかなる必要もないのに、圧政者に身をゆだねた。(21)私は、この民の歴史を読むと、きわめて大きな恨みの念を覚えずにはいられない。われながらまるで人間らしさを失って、それ以後彼らに訪れたかくもさまざまな災厄を喜びたい気持ちになるほどだ。

というのも、どんな人間でも、人間としてのなにかを保有しているかぎり、隷従させられるがままになる以前に、それを強制されるか、だまされるかの、いずれかの状態に置かれるはずなのだ。たとえば、スパルタやアテナイがアレクサンドロス*7の力に屈したように、外国の軍隊によって強制される例がある(22)。また、もっと以前に、アテナイの政府がペイシストラトス*8の支配下に置かれたときのように、内乱によってその状況を余儀なくされる例もある(23)。

一方、人々はしばしば、あざむかれて自由を失うことがある。しかも、他人によりもむしろ、自分自身にだまされる場合のほうが多いのだ。こんな例がある。シチリアの首都であるシラクサ（今日ではサラゴサと呼ばれているそうだ）の民は、戦争によってせき立てられ、うかつにも目先の危険のみに対処しようとして、最初の圧政者ディオニュシオス*9を高位につけ、彼に軍隊を指揮する任務を与えた。だが人々は、そんなふうにこの男を偉大な者としてあつかえば、勝利して帰還した暁には、この抜け目のない男が、敵ではなく自国の市民を打ちのめしたかのように、将軍から王へ、王から圧政者へと変化してしまうということを、まるで警戒しなかったのだった。

信じられないことに、民衆は、隷従するやいなや、自由をあまりにも突然に、あまりにもはなはだしく忘却してしまうので、もはやふたたび目ざめてそれを取りもどすことなどできなくなってしまう。なにしろ、あたかも自由であるかのように、あまりにも自発的に隷従するので、見たところ彼らは、自由を失ったのではなく、隷従状態を勝ち得たのだ、とさえ言いたくなるほどである。

たしかに、人はまず最初に、力によって強制されたり、うち負かされたりして隷従する。だが、のちに現れる人々は、悔いもなく隷従するし、先人たちが強制されてなしたことを、進んで行うようになる。そういうわけで、軛《くびき》のもとに生まれ、隷従状態のもとで発育し成長する者たちは、もはや前を見ることもなく、生まれたままの状態で満足し、自分が見いだしたもの以外の善や権利を所有しようなどとはまったく考えず、生まれた状態を自分にとって自然なものと考えるのである。

もっとも、一度は父の財産目録に目を通して、はたして自分はすべての継承権を享受できるかどうか、あるいは、自分や父祖がなんらかの損害を被っていないかどうかを確かめないような、豪放で無頓着な継承者はいない。しかしながら、習慣というものは、あらゆることがらに関してわれわれに大きな力をおよぼしているのだが、とりわけ隷従を教えるについては、ほかのどんなことよりも大きな効力を発揮する。つまり、いつも毒を飲んでいたミトリダテス*10のたとえもあるように、習慣はなによりも、隷従の毒を飲みこんでも、それをまったく苦いと感じなくなるようにしつけるのだ。

自然はわれわれのうちに大きな部分を占めていて、われわれを意のままに連れ回すのだし、そのせいでわれわれが、自分の生まれがよいとか悪いとかを口にする、ということは否定できない。だが、われわれのうちにあって、自然は習慣ほどの力をもたない、と白状しなければなるまい。なぜなら、自然は、それがいかによきものであったとしても、維持しなければ失われてしまうからである。それに、教育はつねに、自分の流儀で、どうしてもわれわれを自然に反して作りあげるものだ。

自然がわれわれのうちにまく善の種子[24]は、あまりにも小さくて滑っていきやすいので、それに逆らう教育がほんの少しでもぶつかると、もちこたえることができない。生きながらえるよりもずっとたやすく台なしになり、壊れて無に帰してしまうのである。それはちょうど、なんらかの独自な本性をもった果樹が、そのまま成長するならばその本性を維持するのに、接ぎ木したとたんにもとの本性を失い、自分のではなく、ほかの見知らぬ実をつけてしまうのと同じことだ。また〔同様に〕、草にはそれぞれの固有性、本性、独自性があるが、霜、天候、土地、あるいは庭師の手が、その特性をはなはだしく強めたり弱めたりするものだ。人は、ある場所で見たことのある植物でも、よその場所ではそれと見分けることができないものである。

ヴェネツィア人(25)は、きわめて自由に生きているので、一番のならず者ですら、みなの王になりたいなどとは考えない、稀有な民である。彼らは、自由を維持するための熟慮と警戒においてはだれにも負けないという気概だけを抱いて生まれ、育つ。そしてみずからの自由を少しでも失うのであれば、ほかの地上の幸福をすべて与えられても受け取らないように、揺りかごのなかからすでに教えられ、しつけられているのだ。彼らヴェネツィア人を見たあとで、われわれが「大帝(26)」と呼ぶ者の土地に赴いたとしよう。そこで目にするのは、ただ隷従するためだけに生まれ、その者の権力を維持するためなら命をも投げ出さんとする人々だ。そのような場合、はたして人は、前者と後者が、同じ本性をもっていると考えるだろうか。むしろ、人間の町を出て、獣の園に入りこんでしまったと考えないだろうか。

スパルタの統治者であったリュクルゴス*11は、同じ乳で二匹の兄弟犬を育てたという。ただし、一方を厨房で肥え太らせ、他方を角笛や狩猟らっぱの鳴り響く野原に慣れさせた。彼は、ラケダイモン〔スパルタ〕の人々に、人間は教育によって作りあげられるものだということを教えてやろうと、二匹の犬を市場のまんなかに連れてきて、その二匹の間に、スープ一皿とうさぎ一匹を置いた。すると、一方は皿に、他方はうさぎに飛びついた。彼は言った。「ところが、やつらは兄弟なのだ」。かくしてこの男は、法を作り町を統治することでラケダイモンの人々をうまく育てあげたので、そのだれもが、法と理性以外のものを主と認めるくらいなら、千回死んだほうがましだと考えるようになったのだ(27)。

スパルタ人とペルシア人

私は、ペルシアの大王クセルクセス*12の腹心の者と、二人のラケダイモン人とがかつて交わしたことばを、楽しく思い出す。クセルクセスは、ギリシア征服のために大軍の準備をしているとき、ギリシアのいくつかの都市に使者を送り、水と土を求めさせた。これは、ペルシア人が都市に対して降伏を迫るやりかたであった。だが彼は、アテナイとスパルタにはひとりも遣わさなかった。なぜなら、アテナイ人とスパルタ人はかつて、クセルクセスの父ダレイオス*13がよこした使者の、ある者たちを堀に、ある者たちを井戸に投げ入れて、「水と土ならば、そこからほしいだけ取って、君主に届けるがよい」と言ったからだ。彼らは、ことばの上のわずかなことであっても、自由が侵害されるのを許すことができなかったのである。ただ、スパルタ人たちは、このようにふるまったために、神々、それも伝令の神タルテュビオス*14からさえも、憎しみを買ったことを知っていた。そこで彼らは、神々をなだめるために、クセルクセスのもとに二人の市民を送り、その前に上らせて、この者たちを意のままにしてもらうことによって、彼の父の使者を殺したことに対する償いとしようと決めた。

二人のスパルタ人——ひとりはスペルティエス、もうひとりはブリスという名であった——が、この償いのために、喜んで身を捧げた。彼らはそうしてペルシアに赴いた。その道すがら、ヒュダルネスという名のペルシア人の宮殿に着いた。沿岸にあるアジア諸都市の代官であった。彼は二人をきわめて丁重に迎え、盛大にもてなした。そして、会話がしばらく交わされたあと、彼は客人たちに、なぜそれほどまでに王の友情を拒むのかと尋ねて言った。

「スパルタの方々よ、お二人は、私をご覧になれば、尊敬に値する者をどのように遇するべきかを、王はよくご存じだとおわかりになるでしょう。また、あなたがたがもし王のもとにあれば、王もあなたがたを同様に遇されるでしょう。あなたがたがもし王のもとにあり、王があなたがたのことをお知りになれば、きっとお二人のいずれも、ギリシアの都の支配者に任ぜられるでしょう」。

ラケダイモン人たちは答えた。「ヒュダルネスよ、この点について、あなたからは正しい助言をいただけそうにありません。なぜならば、あなたがわれらに約束される善については、あなたは経験によって知っておいでのでしょうが、われらが享受している善がいかなるものかについては、ご存じないからです。あなたは王の好意を授かりましたが、自由の味がいかなるものか、それがいかに甘美なものかはご存じないのです。もしあなたがそれを求めたことがおありならば、ご自身がわれらに、槍や楯をもってしてではなく、歯と爪をもって、それを守るようにと助言なさるでありましょう」[28]。

正しいことを言ったのは、スパルタ人のほうだ。だが、スパルタ人もペルシア人も、みずからが受けてきた教育に即して語ったのはたしかである。というのも、ペルシア人は自由をかつて手にしたことがなかったのだから、自由に対して愛惜の念をもつことは不可能だったし、また、ラケダイモン人は自由をひとたび味わったがゆえに、隷従に耐えることは不可能だったのだ。

生来の隷従は自然と化する

ウティカのカトー*15は、幼少でまだしつけの段階にあったころ、独裁官スラ*16のもとによく出入りしていた。生まれた場所と家柄のおかげで、彼に扉を閉ざす者はだれもいなかったし、おまけに二人は近親の関係にあったからだ。良家の子息の通例にもれず、カトーが訪ねるときは、いつも師が付き添っていた。あるときカトーは、スラの邸宅で、主人の監督のもと、あるいはその命を受けて、人々が牢につながれたり、罰せられたりしているのを見た。ある者は追放され、ある者は首をくくられていた。またある者はひとりの市民の財産没収を要求し、ある者は首を求めていた。ようするに、そこではすべてが、市の役人の家ではなく、まるで民衆の圧政者の家のようであったし、裁きの部屋ではなく、圧政の作業場(29)のようであった。

そこで、この幼い少年は師に言った。「私にぜひ短剣をください。衣の下に隠しておきますから。スラが起きる前に彼の寝室に入ることがよくあるのですよ。彼の手から町を解放するだけの力は、私にもあります」。なるほど、これは真にカトーらしいせりふである。これがこの人物の、その死にかたにふさわしい生涯の始まりであった。(30)しかしながら、その人の名も国も言わずに、事実をそのまま告げるだけであったとしても、ことがらはおのずと語るものだ。あてずっぽうでも、その人がローマの人で、自由であったころのローマで生まれたに違いないと判断できるだろう。

さてこの話に、どんな意味があるのだろうか。私は、これを語ることで、国や土地が、そうしたことがら〔自由や隷従についての態度〕になんらかの影響をおよぼす、と言いたかったわけではない。どんな国でも、どんな風土においても、隷従はつらく、自由は快いものなのだから。そうではなく、私は、生まれながらにして首に軛をつけられている人々に対しては憐れみをかけてやらねばならないし、また、自由の影さえも見たことがなく、そんなものがあることも知らない以上、自分が隷従することに不幸を感じ取れないのであれば、そんな彼らの言い分を認めてやり、大目に見てやらなければならない、と考えているのである。

ホメロスがキンメリオイ人について語ったように、(31)太陽がわれわれの地とは異なった仕方で現れるような国があったとしよう。そこでは太陽は、住人を六カ月間続けて照らしたあと、残りの半年間はもどることなく、彼らを暗闇のなかで眠ったままにさせておくのである。このような国で、この長い夜の間に生まれた者たちが、光明のことを聞いたことがないか、昼をまったく見たことがないとすれば、彼らが、自分が生まれた暗闇の世界に慣れ親しんで、光など望むことがないとしても、驚くにはあたらないだろう。人は、手にしたことがないものの喪失を嘆くことは決してないし、哀惜は快のあとにしか生まれない。また、不幸の認識は、つねに過ぎ去った喜びの記憶とともにあるものだ。

たしかに人間の自然は、自由であること、あるいは自由を望むことにある。しかし同時に、教育によって与えられる性癖を自然に身につけてしまうということもまた、人間の自然なのである。

自発的隷従の原因は習慣にある

よって、次のように言おう。人間においては、教育と習慣によって身につくあらゆることがらが自然と化すのであって、生来のものといえば、もとのままの本性が命じるわずかなことしかないのだ、と。(32) したがって、自発的隷従の第一の原因は、習慣である。だからこそ、どれほど手に負えないじゃじゃ馬も、はじめは轡を噛んでいても、そのうちその轡を楽しむようになる。少し前までは鞍をのせられたら暴れていたのに、いまや馬具で身を飾り、鎧をかぶってたいそう得意げで、偉そうにしているのだ。

さきの人々〔生まれながらにして首に軛をつけられている人々〕は、自分たちはずっと隷従してきたし、父祖たちもまたそのように生きてきたと言う。彼らは、自分たちが悪を辛抱するように定められていると考えており、これまでの例によってそのように信じこまされている。こうして彼らは、みずからの手で、長い時間をかけて、自分たちに暴虐をはたらく者の支配を基礎づけているのだ。しかし、実のところ、年月は決して、悪い行いに正当性を与えたりはしない。かえって不正を募らせるものだ(33)。〔それに対して、〕いつの世にも、ほかの者よりも生まれつきすぐれていて、軛の重みを感じ、それを揺さぶらずにはいられない者がいる。そんな者たちは、決して隷従には飼い慣らされず、海を越え地を越えて故郷の家から立ち昇る煙を一目見たいと思い焦がれていたオデュッセウス(34)のように、自分の自然の特権について考えたい気持ちを抑えることができず、また、先達や自分の原初のありかたのことを思いやるのを我慢しきれないのである。このような者たちは、明晰な理解力とものごとをはっきりと見通す精神をそなえており、たいていの場合、粗野な俗衆[35]のように自分の足もとにあるものだけを見て満足したりはしないのであって、自分のうしろも前もしっかりと見つめるものだ。つまり、過去のことがらを回想することによって、来るべき時代のことがらを判断し、現在のことがらを検証するのである[36]。彼らは、もともとすぐれた頭をもち、それを学問と知識によってさらに磨き上げたのだ。彼らは、たとえ自由が世界中から完全に失われたとしても、みずからの精神においてそれを想像し、感じとり、さらにはそれを味わうだろう。そして隷従は、いくら装飾されたものであったとしても、彼らにとってはいかなる魅力もないものとなる。

圧政の排除には正しい意志が必要

トルコの大王は、書物や学識というものが、ほかのいかなるものにもまして、人間に、自己を知り圧政を憎む能力と理解力を与えることを熟知している[37]。だから彼は、自分の領土に識者をほとんど置かず、そんな連中を求めたりもしないのだ。多くの場合、時流に抗して自由への献身を守りつづけてきた人々の数がいかに多くとも、互いに知り合うことがなければ、そんな熱意と情熱も、効果をもたらさないままになるものである。圧政者のもとでは、行動や言論はおろか、思想の自由さえも完全に奪われているので、彼らのような人々も、みな自分の考えのなかに閉じこもり、ばらばらになってしまっているのだ。そういうわけで、嘲りの神モムスも、ウルカヌス*17が人間を作ったときに、その心に小さな窓をこしらえて、そこから考えが見えるようにしなかったことを非難しようとしたが、これはあながち単なる嘲りの念からではなかったのである。(38)

あるいは人はこんなふうに思うかもしれない。小ブルトゥス*18とカッシウス*19とカスカ*20が、ローマを、いやむしろ全世界を解放しようと企てたとき、公共の善のかつてないほど偉大な信奉者であったキケロ*21が参加することを望まなかったのは、彼の心は弱すぎて、それほど高貴な仕事にはふさわしくないと考えたからだ、三人はキケロの意志は十分に信頼していたが、その勇気についてはまったく確信をもてなかったのだ、と。(39)

しかしながら、過去の出来事や古い年代記を渉猟するならば、祖国が悪い方向に導かれ、悪しき手にゆだねられているのを見た者が、衷心からの偽らざる正しい意志によって祖国を解放しようと努めるならば、いずれ目的を達成しないことなどほとんどなかったと知るだろうし、また、自由がふたたび姿を現すために、自由自身がみずからを支えないことなどまずなかったと悟るであろう。

ハルモディオス、アリストゲイトン[*22]、トラシュブロス[*23]、大ブルトゥス[*24]、ウァレリウス[*25]、ディオン[*26]は、勇敢にも祖国の解放を企て、幸いにもそれをなしとげた[*27]。このような場合は、よき意志に幸運が味方しないことはほとんどない。小ブルトゥスとカッシウスは、大きな幸運にめぐまれて隷従を排したが、自由の回復と引きかえに命を落としてしまった。それはみじめではなかったが（このような人々の死にかたと生きかたについて、少しでもみじめな点があると言うのは、とんでもない冒瀆である）、このことによってたしかに、共和国は多大な損害、永劫の不幸、そして完全な衰退に見舞われることになった。共和国は、彼らとともに葬り去られたように思われる(40)。以後、ローマ皇帝に抗してなされたほかの企ては、野心に駆られた人々の陰謀にすぎなかった。彼らに到来した災厄は、嘆くに値しない。なぜなら彼らは、圧政者を追放し、圧政を抑えこむのだと叫びながら、その実王冠を排するのではなく、たんにそれを別の者の頭に戴せることを望んでいたのだと、たやすく見てとれるからだ。私自身は、彼らの企てが成功しなくてよかったと思っているし、悪しき意図を実現するために自由という聖なる名を軽々しく用いてはならないことを、彼らが身をもって示してくれて、満足している。

自由を失うと勇敢さも失う

さて、本題にもどろう。ずいぶん逸脱してしまった。人間が自発的に隷従する理由の第一は、生まれつき隷従していて、しかも隷従するようにしつけられているから、ということである。そして、このことからまた別の理由が導きだされる。それは、圧政者のもとでは、人々は臆病になりやすく、女々しくなりやすい、ということだ。私は、このことを教えてくれた医術の父、偉大なるヒッポクラテス*28に心から感謝している。彼はその事実に気づき、『病について』と題された本のなかの一巻で報告した。(41)

この人物は勇敢な心をもっていて、トルコの大王(42)が数々の申し出や豪華な贈り物によって彼を自分の側近にしようとした際に、その心をはっきりと示した。彼は大王に対して、自由な態度でこう答えたという。ギリシア人を殺そうとした野蛮な輩《やから》の治療にかまけたり、ギリシアを隷従させようと企てた者に、おのれの技能をもって仕えるのは、たいそう気がひける、と。彼が大王に送った手紙は、今日でもなおほかの著作と同様に残されており、彼の正しい心と気高い性格を永遠にとどめることになるだろう。

さて、上でも言ったように、自由が失われると、勇猛さも同時に失われるのはたしかなことだ。隷従する者たちには、戦闘において活気も荒々しさもみじんもありはしない。彼らは、まるで鎖につながれたように、まったく無気力に、いやいや危険に向かうだけで、胸のうちに自由への熱意が燃えたぎるのを感じることなど絶えてない。そしてこの自由への熱意こそが、危険などものともせずに、仲間にみとられて立派に死ぬことで、名誉と栄光とを贖《あがな》いたいとの願いを生じさせるのである。自由な者たちは、だれもがみなに共通の善のために、そしてまた自分のために、たがいに切磋琢磨し、しのぎを削る。そうして、みなで敗北の不幸や勝利の幸福を分かちもとうと願うのだ。ところが、隷従する者たちは、戦う勇気のみならず、ほかのあらゆることがらにおいても活力を喪失し、心は卑屈で無気力になってしまっているので、偉業をなしとげることなどさらさらできない。圧政者どもはこのことをよく知っており、自分のしもべたちがこのような習性を身につけているのを目にするや、彼らをますます惰弱にするために助力を惜しまないのである。

圧政者の悲惨

ギリシア人のなかで重要でかつ第一級の歴史家であるクセノポン*29は、ある本を書き、(43)そのなかでシモニデスに、シラクサの僭主ヒエロンと、圧政者の悲惨について対話させている。本書は有益で重要な忠告に満ちていて、その忠告はこのうえなくすばらしい恩恵をもたらすと、私には思われる。これまでに存在したすべての圧政者が、本書を目の前に置き、鏡とすればよかったのだ！　そうすれば彼らは、自分の汚点を認め、おのれの過誤に対していくぶんなりとも恥を感じずにはおられなかっただろうと、私は思う。

この著作のなかでクセノポンは、圧政者の苦悩について語っている。彼らはみなに悪をなすことで、みなを恐れることになるさだめなのである。彼は、とりわけ次のように言う。すなわち、悪い王は戦争に際し外国人を金で雇うが、それは、自分のしもべたちをこれまで痛めつけてきたがゆえに、その手に武器をゆだねるに足るほどの信頼がもてないからだ、と。[44]（もっとも、たしかに、フランスの王たちのように、よき王で外国の民を雇った者もいた。そしてそうした王は、現在よりも昔のほうが多かった。だがこれは別の意図にもとづいてのことである。すなわち、人をいたわって用いるためには金銭の損害などなんでもないとの考えから、自分のしもべを保護しようとしたのだ。「百人の敵を滅ぼすよりも、ひとりの市民を救いたかった」とは、たしか偉大なるスキピオ・アフリカヌス*30の言である。[45]）

それにしても、圧政者は、自分の下にすぐれた者がひとりもいなくなるまでは、権力をその手にしっかりつかんだとは決して考えないものだ。[46] したがって、圧政者に対しては、テレンティウス*31の作品のなかで、トラーソが象使いをなじって言い放った次のことばを投げつけてやるのが正しいのだ。

おまえがそれほど威勢がいいのも

愚かな獣たちを従えているからだろう[47]

圧政者の詐術（一）――遊戯

しかし、臣下を飼い慣らすという圧政者の巧妙なやり口は、キュロス*32がリュディア人を相手に行ったことによって、なによりも明らかに知られる。キュロスがリュディアの首都サルディス(48)を占領し、かの富裕な王クロイソス*33をすっかり従わせて連れ帰ったところ、サルディスの住民が反乱を起こしたという知らせがもたらされた。ほどなくキュロスは暴徒たちを抑えこんだが、これほど麗しい町を略奪にゆだねる気にもならず、さりとて平定のためにわざわざ軍を常駐させておくことも望まなかったので、町を確保しておくために一計を案じた。淫売屋、居酒屋、公共の賭博場を建て、住民はそれらを大いに利用すべしとの布告を発したのである。この守備隊はきわめてうまく機能したので、以後は一度も、リュディア人に対して剣を抜く必要は生じなかった。この哀れでみじめな人々は、ありとあらゆる遊戯を考え出すことにうつつを抜かした。そういうわけでラテン人は、ここからひとつのことばを作った。われわれが「娯楽」と呼ぶものを、ラテン人はあたかも「リューデ」〔Lyde〕と言いたいかのように、「ル

ーデ」〔lude〕と称するのである。(49)

すべての圧政者が、しもべたちを女々しくするのだなどと、はっきりと表明したわけではない。だが実際に、キュロスがあからさまに命じ、実行したことを、ほとんどの圧政者たちがひそかに行おうとした。実のところ、自分を愛してくれる者には用心深くなり、自分をだます者には素直に従うのが、町においてつねに大多数を占める俗衆どもの性質というものである。これらの人々は、諺《ことわざ》に言うごとく、「ほんの小さな羽根が口もとに差し出される」(50)だけで、すぐに隷従へと誘われてしまうのだが、彼らほどたやすく罠にはまってしまう鳥はいないし、彼らほどすばやく餌の虫にそそられて、釣り針に引っかかってしまう魚はいない。彼らがくすぐられるやいなや、されるがままになってしまうのを見るにつけ、まったく驚いてしまう。

芝居、賭博、笑劇、見世物、剣闘士、珍獣、賞牌《しょうはい》、絵画、その他のこうしたがらくたは、古代の民衆にとって、隷従の囮《おとり》、自由の代償、圧政のための道具であった。古代の圧政者は、こうした手段、こうした慣行、こうした誘惑を、臣民を軛の下で眠らせるためにもっていた。こうして民衆は阿呆になり、そうした暇つぶしをよきものと認め、目の前を通り過ぎる下らない悦びに興じたのであり、そんなふうにして隷従することに慣れていったのだった。そのありさまは、彩色本の目にも鮮やかな挿絵を見たいばかりに読みかたを習う小さな子たちとくらべて、愚かさの点では同じくらいであったが、罪の点からすればより深刻であった。

圧政者の詐術（二）――饗応

ローマの圧政者たちは、また別の手を思いついた。民衆十人隊をおりにふれて饗応することで、なによりも口の快楽にたやすく溺れてしまう民どもをうまくだますのだ。彼らのうちでもっとも思慮と知性にすぐれた者ですら、一杯のスープをあきらめて、プラトンの言う共和国の自由を取りもどそうとはしなかったであろう。圧政者が、小麦一袋、ぶどう酒一杯、小銭を少し、気前よく与えるだけで、「王様万歳！」という歓呼の声が聞こえてくるのだ。なんとも情けないことではないか。愚かな者たちは、もとの所有物の一部を取りもどしたにすぎないことに気づかなかったばかりか、その取りもどしたものですら、以前に自分から奪ったのでなければ、圧政者は与えることなどできないのだと思いいたりもしなかった。

ある日小銭を拾い集め、公衆のための饗宴で腹を満たし、ティベリウス[*34]やネロ[*35]の名とその気前のよさを讃える者が、翌日には、財産を彼ら豪勢な皇帝たちの貪婪さのために、子どもたちをその淫欲のために、そして血すらもその残酷さのために、捧げることを強いられながらも、石のごとくに押し黙り、切り株のごとくにじっとしている——そんなことがくり返されてきた。民衆はいつも、素直に受け取るべきではない快楽に対しては開けっぴろげで放埒でありながら、律儀に耐えるべきではない横暴や苦悩に対しては鈍感であったのだ。

現代にあっては、ネロについて聞いたことがある者で、この下劣な怪物、この汚らわしくて不潔な最悪の病魔の名を耳にしただけで震え上がらない者を見たことがない。しかしながら、放火魔で人非人、野蛮なけだものであったこんな男のために、その死——生きざまと同様に下劣な死にざまであった——のあと、高貴なローマの民は、彼が催した遊戯や宴会を思い出して悲しみに暮れ、ほとんど喪に服さんばかりであったという。誠実で謹厳な、もっとも信頼の置ける書き手のひとりコルネリウス・タキトゥス[*36]がそう書いている。

これはそれほど奇妙なこととは思われない。この民は以前にも、ユリウス・カエサル[*37]の死に臨んで、同じようにふるまったからだ。カエサルは、法と自由をなきものにしたのであり、民衆にとってなんの美点もなかったと、私には思われる。というのも、人々がかくもほめたたえる彼の人間味そのものが、歴史上でもっとも野蛮な圧政者のもつ残酷さよりも、さらに弊害が大きかったからだ。彼の毒のあるやさしさが、ローマの民に対して、隷従を甘やかなものに見せかけたのである。[(51)]にもかかわらず、カエサルの死後、彼の饗宴の味を口に、気前のよさの思い出を心に、まだとどめていたこの民は、彼の名誉をたたえ、荼毘に付すために、われがちに広場の長椅子を積み上げたのみならず、「民衆の父」（柱頭にはそう記されている）たる彼のために一本の碑を建てた。そうして彼らは、カエサルが死んでしまっていたにもかかわらず、この世のいかなる人が浴すべき名誉にもまさる名誉を授けた。[(52)]だが、そのような名誉は、カエサルを殺した者たちにこそ与えられるべきだっただろう。

圧政者の詐術（三）——称号

彼らローマの皇帝たちはまた、たいていの場合、護民官の称号を熱心に求めた。この官職が神聖かつ高貴なものとみなされていたからであり、またそれが民衆の護衛と保護のために制定されていたからである。ローマの皇帝たちは、このような手段をもってすれば、国家の後ろ楯を得ることになり、(53)民衆がもっと自分のことを信用するであろうと確信していたのだが、それはあたかも、民衆は護民官という官職の実際の恩恵を感じ取らずとも、ただその官職名を聞くだけでありがたがるだろうと言わんばかりであった。

今日でも、いかなる悪を――ときに重大な悪を――なすときにも、かならず公共福祉や公的救済について、なんらかの美辞麗句をあらかじめひねり出しておく連中がいるが、このような者たちも、ローマの皇帝たちと同様、とてもほめられたものではない。おおロンガよ、君は連中がいくつかの場でかなり巧妙にあやつる例の表現を知っ(54)ているだろう。しかしながら、たいていの場合、かくも不埒な下心に、巧妙などという形容はふさわしくない。

圧政者の詐術（四）——自己演出

歴代のアッシリアの王たち、ならびにそのあとのメディア[55]の王たちは、できるだけ遅い時間になってから人々の前に姿を現した。それは、俗衆どもに、王がなにか人間を超えたものをもっているのではないかと思わせ、目に見えないことがらについて勝手な想像によって判断する人々を、その夢想の状態にとどめておくためであった[56]。かくして、アッシリア帝国が長きにわたって支配したかくも多くの諸国家の民が、こうした神秘によって、自分がどのような主君を戴いているのかも、そもそも主君を戴いているのかどうかすらもほとんど知らないうちに、隷従することに慣れ、ますます進んで隷従するようになっていった。彼らはみな思いこみによって、だれもその目で見たことのないある者を畏れていたのである。

エジプトの初期の王たちは、姿を現す際にはたいてい、頭の上に猫か木の枝か火を載せて仮装し、道化師のようにふるまった。王たちはこんなふうにして、そうした事物の奇妙さによって、臣民の心になんらかの畏敬と賛嘆の念を呼び起こしていたのである。[57] しかし、私が思うに、それほど愚かではなく、たいして隷従していない人々にとっては、王たちが与えたのは、たんなる暇つぶしと笑いの種だったのではないだろうか。

過去の圧政者たちがみずからの統治をゆるぎないものとするために、どれほどさまざまなものを活用したか、どれほど下らないものを用いたかを耳にするにつけ、〔民衆に対して〕哀れの念を禁じえない。彼らは、どんなに下手な仕掛け網にも間違いなく引っかかるこれら俗衆を、つねに自分の意のままにできるものと考えた。この連中はいつもあまりにもたやすくだまされるので、彼らを馬鹿にすればするほど、うまく隷従させることができるという具合であったのだ。

圧政者の詐術（五）——宗教心の利用

古代の民衆が盲目的に信じていたまた別の大げさな作り話については、なんと言うべきであろうか。彼らは、エペイロス人の王ピュロス[*38]の〔足の〕親指が奇蹟をなし、脾臓の病を治すと、かたく信じていた。彼らは話をさらにふくらませ、遺体がすっかり焼かれたあとでも、この指が火を逃れて、灰のなかから無傷のままで見つかったと語った。(58)(愚かな民衆はこのように、いつもみずから嘘をこしらえては、のちにそれを信じるようになる。)(59)多くの人々がこの話を書き留めているが、彼らがそれを、町のうわさ話や、俗衆のたわいのないおしゃべりから集めてきたことは明らかである。(60)

ウェスパシアヌス*39は、帝国を奪うためにアッシリアからローマにもどる途中、アレクサンドリアを通ったが、そこで数々の奇蹟を起こした。足なえの者をまっすぐに立たせ、盲人の目を見えるようにし、ほかにもたいそう多くのすばらしいことを行ったという。(61)だが、そこにあるまやかしを見つけられなかった者は、ウェスパシアヌスが治したという盲人たちよりも、もっと目が見えていなかったと私は思う。圧政者たち自身、人々が、自分たちに害悪をもたらしているのがたったひとりの者だというのに、どうして耐えていられるのか、奇妙に思っていた。それゆえ圧政者たちは、人々の宗教心につけこんで身を守ろうとし、あわよくば、自分の邪悪な生活を維持するために、神性のちょっとした片鱗でも拝借したいと考えたのである。

それゆえ、ウェルギリウス描くところの、冥界に下りた巫女シビュラ*40の言を信じるならば、サルモネウス*41は、あんなにも人々を愚弄し、ユピテル*42のまねをしようと望んだために、いまやそのつけを払わされている。巫女は地獄の底で、サルモネウスの次のような姿を見たのだという。

恐ろしい責め苦にあえいでいる、
天の雷《いかずち》と、ユピテルの火をまねようとしたために。
四頭立ての馬車に乗り、彼は進んだ、
居丈高に、明々《あかあか》と輝く大きな松明《たいまつ》を握りしめ振り回しながら。
ギリシアの民の間を抜け、
エリスの町のにぎわいのさなかを、意気揚々と進んだ。
かくもおのれの威を誇示することで、
その男は神々にのみ属する名誉をわがものにしようとした。
愚かなことに、まねようのない風雨と雷とを、
再現しようとしたのだ、青銅と、
激しく疾走する馬の蹄《ひづめ》によって。[62]
全能なる父は、この大いなる悪を罰せんと、すぐさま矢を放つ、

煙をあげる蠟《ろう》の松明の、炎でもなく光でもない一閃を。
身の毛もよだつような嵐の荒々しい一撃で、
こやつをまっさかさまにうち落としたのだ。(63)

愚かなことをしたにすぎない者が、いまや冥界でこのようにもてなされているとすれば、邪悪なことをしようとして民の宗教心を悪用した者たちは、もっとご丁寧に処遇されているだろうと、私は思う。

フランス王の権威の正当性

われらの王たちはフランスのあちこちに、その種のよくわからないものをまき散らした。蟇蛙《ひきがえる》、百合の花、聖瓶、旗がそれである。(64) 私としてはこれらを、どうしてもいかさまだと思いたくはない。われわれも先祖も、平時にはきわめて善良で、戦時にはきわめて勇敢な王をつねに戴いてきたので、これまでのところ、それらのもの〔王権の象徴物〕に信を置かぬ理由など決してなかったからだ。彼らは王として生まれてきたが、ほかの王たちのように自然が生んだのではなく、この王国を統治し維持するために、全能の神によって選ばれて生まれてきたのではと思われるほどだ(65)。たとえこのことが事実ではないとしても、わが国の歴史の真実性について、まるで決闘でもするかのように激しく争いたくはないし、些細なことまでいちいち詮索したくもない。そんなことをすれば、われらがフランスの詩人たちが自己を研鑽するための恰好の素材を、失ってしまうことになりかねないからだ。フランスの詩は今や、派手に着飾るというのではなしに、われらがロンサール*43、われらがバイフ*44、われらがデュ・ベレー*45によって相貌を一新したように思われる。こうして彼らのおかげでわれわれの言語はいちじるしく進歩したので、ことこの点に関しては、ギリシア人やローマ人に、われわれよりもすぐれた点があるとしても、せいぜいそれは「長子の権利(66)」くらいのものだという状況にまもなくなるだろうと、期待しさえしているところだ。

そしてまた、そんなことをすれば〔歴史の真実性について詮索することで、フランス王の威光という詩作の恰好の素材を失ってしまえば〕、わが国の韻律にも大きな痛手となるだろう。（私は〔詩 poésie という語の代わりに〕この「韻律」〔rime〕という気に入りの語を進んで使う。というのも、ある者たちのせいでわが国の韻律が純粋に形式的なものに堕してしまったことは否めないが、それをふたたび高貴なものにし、かつての名誉を取りもどすことのできる者もいると考えるからだ。）(67)くり返して言うが、いまわが国の韻律からクロヴィス王*46の数々の偉業物語をそっくりなくしてしまうとすれば、大きな損失となるだろう。

ロンサールが『フランシアード』(68)のなかで、クロヴィス王の物語を歌い上げるなら、この詩人の才気は、どれほど陽気に、どれほど自由に跳ね回ることだろう。私にはそのさまが、いまからしてすでに見える気がする。(69)私は彼の力量を理解しているし、彼の繊細な精神を知っているし、その優雅さをわかっている。ローマ人が彼らの聖なる楯、すなわちウェルギリウスが言うところの、

天空から地上に投げおろされた楯(70)

を詩にしたように、ロンサールは王旗を詩にするであろう。アテナイの人々がエリクトニオスの籠(71)を大切に歌ったように、ロンサールはわれらの聖瓶を大切に歌うであろう。アテナイの人々が、ミネルヴァの塔のなかにまだあると主張しているオリーヴの

木(72)に語らせたように、ロンサールはわれらの紋章に語らせるであろう。まことに、わが国の書物が伝えてきたことを否定したり、われらの詩人の畑に好き勝手に足を踏み入れたりするのは、不遜の極みなのである。

さて、本論にもどろう（どうして話がそれたのかわからないのだが）。圧政者どもは、おのれの地位を確固たるものとするために、民衆を服従の、ついで隷従の状態に慣れさせ、ついには自分を崇拝するにいたらせるべく、たゆまぬ努力を重ねてきた。しかしながら、上で見てきたように、人々をより自発的な隷従へと向かわせる圧政者のさまざまなやり口は、たいてい卑しく愚かな民衆にしか通用しないものなのである。

小圧政者たち

ここで、支配の手口や秘訣、圧政の支えや基盤となると私が考えることがらについて述べよう。思うに、矛槍《ほこやり》や護衛隊、監視体制の確立が圧政者を守っていると考える者は、まったく誤っている。圧政者がそのような手段を用いるのは、それを信頼しているからではなく、むしろかたちを整えるため、こけおどしのためにすぎないと、私は思う。弓兵は、危害を加えようのない丸腰の者を宮殿に入れないようにはできるかもしれないが、目的を遂行するためにしっかりと武装した者を退けることはできない。というのも、ローマの皇帝のなかには、護衛のおかげで危険を脱した者よりも、みずから従える弓兵に殺された者のほうが多いのは明らかだからだ(73)。

圧政者を守るのは、騎馬隊でもなく、歩兵団でもなく、武器でもない。にわかには信じられないかもしれないが、次のことは事実である。すなわち、圧政者をその地位にとどめているのは、つねに四人か五人の者である、彼のために国全体を隷従の状態に留めおいているのは、ほんの四人か五人の仕業である、ということだ。

ことはつねに次のように進展してきた。まず、五、六人の者が圧政者の信頼を得る。次に、みずから彼に近づくか、彼に誘われて、共謀して残虐な行いにふけり、逸楽の場に同伴し、淫行のお膳立てをする。また、略奪したお宝のおこぼれにあずかる。この六人は、主君をうまくもり立てて、一味全体のために、主君がいっそう悪者になるようにしむける。その際彼は、みずからの悪行のみならず、手下どもの悪行によっても悪者となるのだ。この六人は、みずからのもとで甘い汁をすう六百人を従え、自分たちと圧政者との関係と同じような関係を、彼らとの間に築く。そしてこの六百人は、六千人を登用し、所領の統治や租税の管理に当たらせる。こうしてこの六千人を欲深く残酷なままに任せ、必要とあればそのような資質を発揮させ、さらなる悪事を行わせるのだ。もっともこの六千人は、その悪行の際にも、上司の庇護のもとでしか生きながらえることができず、上司の命による以外は、法や罰を逃れることができないのだが。

この六千人のあとに従う者たちの数は多い。この糸をずっとたどってみれば、圧政者とこのような絆によって結ばれている者の数は、六千でも一万でもなく、何百万にものぼることがわかるだろう。ホメロスの描くユピテルは、鎖を引っ張ればみずからのもとにすべての神々を引き寄せることができると豪語した(74)が、ちょうどそのように、圧政者はこのつながりを利用しているのである。

こうして、ユリウス・カエサルのもとで、元老院の定員が増やされ、新たな職位が設けられ、さまざまな職務が創られた(75)。よく考えれば、これは司法の改革などではなく、圧政者を支える新たな手段であることがわかる。ようするに、圧政者たちから与えられる直接間接の好意、直接間接の恩恵のせいで、結局のところ、圧政から利益を得ているであろう者が、自由を心地よく感じる者と、ほとんど同じ数だけ存在するようになる。

医者は、われわれのからだのどこかが傷んでいるときに、別の場所でまた変調が起きれば、それはただちに最初の患部へと近づくと言う(76)。これと同様に、王がみずから圧政者であると宣言したとたん、国のすべての悪、すべてのくず――国のなかで毒にも薬にもならない多数のこそ泥どもや小悪党どものことではなく、激しい邪心やはなはだしい貪欲さに駆られた者たちのことだ(77)――が、獲物の分け前にあずかろうと、そのまわりに集まってきては彼を支え、その大圧政者のもとで、自分たちが小圧政者となるのである。

大泥棒や大海賊のことを考えればよい。国じゅうを荒らしまわる者もいれば、旅人を馬で追いかけ回す者もいる。待ち伏せする者もいれば、獲物はないかと目を光らせる者もいる。虐殺する者もいれば、略奪する者もいる。彼らの間には身分のちがいがあり、ある者は従者にすぎず、ある者は集団の頭である。しかし、そのひとりひとりが、大事な戦利品の獲得に、さもなければその探求に、自分も関わっていると感じているのだ。キリキア(78)の海賊たちは、あまりにも大きな集団であったために、討伐のために大ポンペイウス*47が派遣されるほどだった。それればかりか、彼らは数々の大都市とも同盟を結んでいた。おかげで彼らは、航海からもどると、それらの都市の港に隠れて、身を安全に保つことができた。彼らはその見返りに、隠しもっていた略奪品の一部を与えたとのことだ。

小圧政者の哀れな生きざま（一）

こうして圧政者は、臣民を隷従させる際に、その一部の者をもって他の者を従える手段としている。圧政者は、みずからの身を守らねばならない相手――その相手に少しは見どころがあるとすればだが――によって守られている。圧政者は、いうなれば、木を割るのに同じ木でできた楔《くさび》を用いるのだ。(79) 圧政者には弓兵、護衛隊、矛槍隊がいる。彼らはたしかに、ときには圧政者のせいで苦しむこともある。だが、神からも人からも見放され、捨てられたこの連中は、その悪に喜んで耐える。それとひきかえに、自分に悪をなす者に対してではなく、自分と同じようにひたすら耐える無力な者たちに対して、みずからも悪をなすのである。

それにしても、圧政者に尻尾をふり、この者の支配と民衆の隷従から利益を得ようとするこうした連中を目にするにつけ、しばしばその悪辣さにあきれる一方で、ときおりその愚かさが哀れに思われてくる。というのも、圧政者に近づくことは、みずからの自由から遠ざかることであり、いわば、両手でしっかりと隷従を抱きしめることでなくてなんであろうか。邪心をしばらく脇に置いてみよ、貪欲さをほんの少し抑えてみよ、そしてみずからの姿をありのままに見つめてみよ。そうすれば連中は、自分たちが力のかぎり足で踏みつけ、徒刑囚や奴隷よりもひどくあつかっている村人や農民が、それだけ虐げられていてもなお、自分たちよりは幸福であり、少しは自由であることが、はっきりと理解できるであろう。

農民や職人は、隷従はしても、言いつけられたことを行えばそれですむ。だが、圧政者のまわりにいるのは、こびへつらい、気を引こうとする連中である。この者たちは、圧政者の言いつけを守るばかりでなく、彼の望む通りにものを考えなければならないし、さらには、彼を満足させるために、その意向をあらかじめくみとらなければならない。連中は、圧政者に服従するだけでは十分ではなく、彼に気に入られなければならない。彼の命に従って働くために、自分の意志を捨て、自分をいじめ、自分を殺さねばならない。彼の快楽を自分の快楽とし、彼の好みのために自分の好みを犠牲にし、自分の性質をむりやり変え、自分の本性を捨て去らねばならない。彼のことば、声、合図、視線にたえず注意を払い、望みを忖度《そんたく》し、考えを知るために、自分の目、足、手をいつでも動かせるように整えておかねばならない。

はたしてこれが、幸せに生きることだろうか。これを生きていると呼べるだろうか。この世に、これ以上に耐えがたいことがあるだろうか。私は勇壮な人に語っているのでも、高貴な生まれの人に語っているのでもない。ただふつうの常識ある人、さもなくばただ人間の顔をもつ人に対して語っているのだ。こんなふうに生きるよりも悲惨な状態があるだろうか。自分ではなにもたず、自分の幸福も自由も、からだも命も他人にゆだねるとは。

それなのに、この連中は、まるでなにかを獲得すれば、それが自分のものとなるかのように、財を得ようとして隷従している。自分自身ですら自分のものではないというのに。まるで圧政者のもとでも、自分固有のものをもちうるとでもいうように。彼らは、財の所有を望みながら、すべての人々からすべてを奪い、だれかのものであると言えるようなものはなにも残さない力を圧政者に与えているのが、ほかならぬ自分たちだということを忘れてしまっている。彼らは、財をもつ人間こそが圧政者の蛮行の対象となること、圧政者にとって、ものを所有することは死に値する罪にほかならないこと、圧政者が富しか愛さず、富者をこそ破滅に追いやることを承知している。にもかかわらず彼らは、まるで屠畜人の前に立つかのように圧政者の前に立ち、肥え太ったありのままの姿で身を差し出し、彼の欲望をかき立てるのだ。

これらのお気に入り連中は、圧政者のまわりにいて多くの財をなした者たちのことではなく、しばらくの間財をかき集めたあと、その財ばかりか命をも失ってしまった者たちのことを思い起こさねばならない。どれほど多くの者が富を得たかではなく、そのうち富を維持できた者がいかにわずかであったかを考えなければならない。

いにしえの歴史を振り返ってみよ、当代の記憶を探ってみよ。そうすれば、悪辣な方法で主君の信頼を得たのち、その邪悪さを利用したり単純さを悪用したりした結果、主君自身によって滅ぼされた者どもがいかに大勢いたかを、はっきりと知るだろう。その者どもは、いとも簡単に登用されたかと思えば、またいとも突然に奈落の底に突き落とされたのである。かくも多くの邪悪な王たちのもとに傅《かしず》いていたこれら多勢の者どものなかで、圧政者をそそのかして行わせた残虐な行為を、みずからの身に受けなかった者は、もしいたとしてもほんのわずかにすぎない。連中は、たいていの場合、圧政者の庇護のもと、他人のもちもので肥え太ったあと、ついには、自分自身のもちものによって圧政者を肥え太らせたのである。

圧政者の持続しない愛

善人にしても同じことだ(仮に圧政者に愛される善人がいたとしてだが)。ある善人が圧政者から格別の恩恵を授かっていたとしよう。またその人が、いかなる悪人でも近くに寄れば崇敬の念を抱かずにはおれぬほど、徳と正義のまぶしい光を放っていたとしよう。それでもなお、その人は長く安泰ではいられない。つねに痛い目にあわされ、圧政とはどのようなものかを身をもって知るはめになるのだ。セネカ[*48]、ブルス[*49]、トラセア[*50]は、善人三人衆である。このうちの二人は、不運によって圧政者〔ネロ〕に近づくことになり、もろもろの仕事を請け負うことになった。二人とも彼から高い評価を受け、厚遇され、そのうちのひとりは圧政者自身の教育をさえ担い、その幼時の教育が主君からの友愛の保証となると期待した。しかしこの三人は、その残酷な死にかたによって、邪悪な主君の庇護などほとんど当てにならないということを十分に示す例となった(80)。実際のところ、かくも偏狭な心をもつ者から、どんな友愛を期待できるというのだろう。この者は、みずからに従わせている自分の国をも憎み、自分を愛することもできないがゆえに、自分で自分を貧しくし、みずからの帝国を破壊してしまうのである。

彼ら三人は正しく生きたがゆえに不幸に陥ったのだと言いたくなるむきもあろうが、それならば、同じ皇帝のまわりをよく観察してみるがよい。彼の寵愛を得て、悪辣な手段でそれを維持しようとした者たちも、この三人以上には長生きしなかったことがわかるだろう。この皇帝のポッパエアに対するものほど激しい愛、強烈な愛情を耳にした者がいるだろうか。ひとりの女に対して、これほど執拗で熱烈な愛を抱いた男がいるだろうか。それなのに彼女は、この男に毒殺されたのだ(81)。彼の母アグリッピナは、夫のクラウディウス*51を殺した。代わりに息子を帝位に就けるためである。息子に尽くすためなら、どんなことでも喜んで行い、どんなことにも耐えた。それなのに、自分の息子、自分の赤子、みずからの手で皇帝にしたこの男自身が、何度かしくじったのちに、とうとう自分の命を奪ってしまった(82)。もしこの罰が、それを実際に与えた者以外のだれかによってもたらされていたとしたら、それは彼女にまったくふさわしかっただろうと、そのときだれもが言ったという。

また、クラウディウス帝ほど扱うのがたやすく、単純な者、より正確に言えば、真に愚かな者が、はたしていただろうか。メッサリナに惑わされたこの皇帝ほど、女に激しく惑わされた者がいただろうか。それなのに、結局のところ彼は、この女を死刑執行人の手にゆだねた(83)。愚かな圧政者は、正しくふるまうべきときにはいつも愚かなままである。それなのに、なぜだかわからないが、残虐さを行使する段になると、とりわけ自分の近しい者たちが相手であるときに、ついに彼らの乏しい知恵が目を覚ますのだ。

また別の皇帝(84)の名言はよく知られている。彼は妻を愛するあまり、彼女なしでは生きられないと思われるほどであったのだが、彼女の喉もとがあらわになっているのを見て、そこを優しくなでながらこう言ったという。「この美しい首も、私が命じれば、ただちに斬り落とされるのだよ」と(85)。

そのようなわけで、ほとんどの圧政者はたいてい、彼らのもっとも気に入った連中によって殺された。この連中は、圧政の性質をよくわきまえていて、圧政者の好意などあてにできないと考え、その力に警戒心を抱いたのだ。こうしてドミティアヌス*52(86)はステパヌスによって、コンモドゥス[*53]は愛人のひとりによって、アントニヌス[*54]はマクリヌスによって、それぞれ殺害されたのだし、ほかのほとんどすべての圧政者も同様であった。

友愛なき圧政者

したがって、たしかなのは、圧政者は決して愛されることも、愛することもないということだ。友愛とは神聖な名であり、聖なるものである。それは善人同士の間にしか存在しないし、[(87)]互いの尊敬によってしか生まれない。それは利益によってではなく、むしろよき生きかたによって保たれる。[(88)]ある人がある人のたしかな友となるのは、相手の公正さを認めることによってであり、それを保証するのは、その人の善良な本性、誠意、誠実さである。残酷、裏切り、不正のあるところに友愛は存在しえない。そして、悪人どもが集うとき、生じるのは陰謀であって友好ではない。彼らは友愛を与えあうのではなく、互いに恐れあっている。彼らは友人同士ではなく、共謀者なのである。

だが、仮にそんな不正な共謀関係が友愛を妨げないとしても、そもそも圧政者にたしかな友愛の情を見いだすのはむずかしいだろう。なぜなら、圧政者はすべての人の上位にあり、仲間がまったくいないので、すでにして友愛の領域の外にいるからだ(89)。友愛は平等のなかにしか真の居場所を見いださない。友愛は片足を引きずるのを好まず、つねに左右の均衡を保つのである。盗賊たちの間にすら、獲物を山分けする際には、なんらかの信頼関係が存在すると言われるのは、そのせいだ。連中は対等であり、仲間だからである。たとえ彼らが友愛で結ばれていないとしても(90)、少なくとも互いに恐れあってはいて、ちりぢりになることで自分たちの力が弱まるのを嫌うのである。

これに対して、圧政者のお気に入りたちは、決して主君のことを信頼できない。圧政者自身が彼らから、自分にはなんでもできるし、いかなる権利や義務にも縛られないということを知らされているからだ。圧政者は、自分の意志こそが道理であるとみなすこと、仲間など一切もたず、すべての人の支配者であることをもって旨とするのである。

そうであれば、これほど明白な例を知り、これほど差し迫った危険を目のあたりにしながら、他人はさておき、われこそはと知恵を発揮する者がいないのは、また、あれほど多くの者が喜んで圧政者に近づくのに、あの寓話のように、彼に忠告する知恵と勇気をもつ者がひとりもいないのは、なんとも残念なことではないか。寓話では、狐が病にかかったふりをするライオンにこう告げる。「君のうちに見舞いに行きたいのはやまやまなのだが、そっちに向かう獣の足跡はたくさんあるのに、帰りの足跡はひとつも見つからないんだよ。(91)」

小圧政者の哀れな生きざま（二）

これら哀れな連中は、圧政者のもつ宝が輝いているのを目にし、彼の壮麗さが放つ光をあっけにとられて見つめる。そしてこの輝きに魅せられて近づいてしまい、自分をまちがいなく焼きつくす炎のなかにみずから飛び込んでしまっていることに気づかない。古代の物語によると、浅はかにもサテュロスは、プロメテウス(92)が見つけた火が輝いているのを見てそれを美しく思うあまり、口づけしようとしたとたん、身を焼かれてしまったという。(93) また、蛾は、楽しみを求めて美しく輝く火のなかに身を投じるやいなや、火の輝く力とは別の力、すなわち燃やす力をまざまざと知ることになるのだと、トスカナの詩人(94)は言っている。

ましてや、仮にこの卑小な連中が、自分たちの隷従する主君の魔の手から逃れたとしても、次にくる王からは逃れられない。この王がもし善人であったとすれば、〔王に自分の行動を〕釈明し、今後は少なくとも理法を尊重しなければならないだろう。王がもし悪人で、前の主君と同様であったなら、彼もまた気に入りの者をつくらずにはおかないだろう。そしてこのお気に入りどもはたいていの場合、他人の地位を奪うだけでは飽きたらず、その財も生命も奪わないかぎりは満足しないであろう。かくも大きな危険と、かくも小さな安全を前にして、かくも不幸な地位を占め、かくも大きな苦しみをもって、かくも危険な主君に隷従したいと考える者など、はたして存在しうるのだろうか。

まことの神よ、昼も夜もある人に気に入られることばかりを考えて過ごしながら、その人のことを世界のだれよりも恐れているとは、なんという苦悩、なんという殉難か。しじゅう目を見開き、耳をそばだてて、どこかからこぶしが飛んでこないかと身がまえ、罠が仕掛けられていないかと探しまわり、仲間たちの顔色をうかがい、裏切りを見破ろうとしているとは。だれにでもほほ笑みかけながら、その実すべての人を恐れているとは。はっきりとした敵も、たしかな友もなく、つねに笑みを浮かべていても、心は恐れおののいているとは。陽気にもなれず、悲しみを表すすべもないとは[95]！

それにつけても、こうした大きな苦悩が連中にもたらすもの、彼らがその苦しみと悲惨な生から望みうる恩恵について考察するのは、楽しいことだ。民衆は、耐え忍んでいる悪への不満を、圧政者ではなく、自分たちを直接支配する者にぶつけたがるものだ。民衆も国民も[96]、百姓農民にいたるまで、だれもがみな彼らの名を知っていて、われがちに、その邪悪を暴き、無数の侮辱、ののしり、呪いのことばを投げつける。祈りのことば、誓いのことばのすべては、彼らへの反抗のために発せられる。あらゆる不幸、あらゆる疫病、あらゆる飢饉が、彼らを非難する理由となる。たとえときおり見せかけの敬意を払うことがあったとしても、心のなかでは毒づいており、彼らのことを野獣よりももっと忌み嫌っているのだ。

これこそが、彼らが人々へのご奉公とひきかえに受け取る栄光であり、名誉である。人々は、たとえみなが連中のからだの切れはしを手にしたとしても納得することはないだろうし、被った苦しみへの恨みの半分も晴らされたとは思わないだろう。それに、この人々が死んだあとでも、続く者たちは、民衆を食いものにする連中の名を無数のペンのインクで黒く汚し、無数の本のなかでその評判を失墜させることを怠らないはずだ。そしてさらに、後世の人々は、連中の邪悪な生きざまをその死後においても罰しつづけるために、遺骨でさえも引きずり回すはずである。(97)

神の裁きへの祈願

したがって、いま一度、正しく行動することを学ぼう。天に目を向けよう。われらの幸福のために、徳への愛そのもののために、もっとはっきりと言えば、われわれの行動のたしかな証人であり、われわれの過ちの公正な審判である全能なる神への愛と栄誉のために。私としては、圧政者とその共謀者に対する格別の罰を、神が来世で用意してくださっていると確信している。私はまちがってはいないだろう。圧政ほど、完全に寛大で善なる神に反するものはないのだから。(98)

注

【人名・神名注】

＊1　ヘラクレス：ギリシア神話中最大の英雄。ゼウスとアルクメネとの子。諸方を遍歴し、猛獣・怪物を退治した。死後、天上に迎えられて神になったという。

＊2　サムソン：旧約聖書中の人物。イスラエルの士師。怪力でペリシテ人を悩ました。愛人デリラの裏切りで怪力を失うが、最後にはイスラエルを救う。

＊3　ミルティアデス（前五五〇頃―前四八九頃）：アテナイの将軍、政治家。ギリシア軍を指揮して、マラトンでペルシア軍を破る（マラトンの戦い）。

＊4　レオニダス一世（?―前四八〇）：スパルタ王、ギリシアの英雄。テルモピレーで、ペルシア王クセルクセス一世（＊12参照）の大軍を小部隊で迎え撃ち、最後のひとりが倒れるまで戦う（テルモピレーの戦い）。

＊5　テミストクレス（前五二四頃―前四六〇頃）：アテナイの軍人、理想主義の政治家。サラミスの海戦で、ペルシア王クセルクセス一世の軍を破る。

＊6　ロンガ（Guillaume de Lur-Longa）は、ボルドー高等法院におけるラ・ボエシの前任者であ

る。一五五三年パリの高等法院に異動する際に、ラ・ボエシにその職を譲った。この人物については、*S.M.*, pp. 99-101 に詳しい解説がある。

＊7　アレクサンドロス三世（前三五六―前三二三）：マケドニアの王。フィリッポス二世の息子。ギリシア連合軍を率いて東方に遠征、ペルシアを滅ぼし、エジプトおよび西アジアからインド西部にまたがる大帝国を築いた。

＊8　ペイシストラトス（前六〇〇頃―前五二七）：アテナイの僭主。アッティカの小さな農地統合を推進し、海外、とくに黒海周辺地域での交易を発展させた。芸術家のパトロンとなり、当代きってのギリシア詩人を招いてアテナイに住まわせた。宗教と文化の祭を組織・拡大し、国家の一体感を養おうとした。

＊9　ディオニュシオス一世（前四三〇頃―前三六七）：シラクサの僭主。すぐれた政治家であったが、思慮に欠ける人物としても知られる。民衆によって軍事指導者に任命されると、即座に軍事独裁制を敷いた。シチリアを征服し、息子に権力を移譲した。*A.L.L.* は、シチリアのディオドロス『世界史』XII―XV、とくにXIII・95―96を典拠として挙げている。

＊10　ミトリダテス六世（前一三二頃―前六三）：ポントス（黒海南岸地域）王。領土拡大のためにローマと戦いを重ねるが、スラ（＊16参照）とルクルスに敗れ、前六六年、ポンペイウス（＊47参照）による東方支配達成ののち、息子のひとりが反乱したことにより、自殺した。なお、モンテーニュも、ミトリダテスが習慣によって毒に慣れたという逸話に言及している（『エセー』I・23、原二郎訳、岩波文庫、一巻、二〇五頁）。

＊11 リュクルゴス：なかば伝説上のスパルタの立法者。前九世紀かそれ以前に生きたとされる。法律のモデルを、クレタ、エジプト、アジアに求めたといわれる。別の伝説によると、デルフォイの神託を書きとめてスパルタの法とし、死ぬ前に、この法を決して変えないようにと言い残したという（モンテーニュが『エセー』I・23、前掲書、一巻、二三二頁で、この伝説についてふれている）。

＊12 クセルクセス一世（前五一九頃—前四六五）：アケメネス朝ペルシアの王。ダレイオス一世（＊13参照）の後継者として、帝国内の反乱の鎮圧を図る。

＊13 ダレイオス一世（前五五〇頃—前四八六）：アケメネス朝ペルシアのもっとも偉大な王のひとり。行政改革、軍事力による征服、信仰の自由の容認などの政策が名高い。イオニア地方のギリシア諸都市の反乱を抑えた（前四九九—前四九四）あと、ギリシア遠征を企てたが、マラトンの戦い（前四九〇）で潰走する。

ちなみにモンテーニュは、自分が忘れっぽいことの利点に触れて、こう書いている。「私が自ら慰めている第二の理由は、あの昔の人が言ったように、他人から受けた侮辱をあまり思い出さないことである。私にはそばから台詞をささやく人が必要であろう。ちょうど、ダレイオス王がアテナイ人から受けた侮辱を忘れないために食卓につくたびに、お小姓に耳もとへ三度ずつ「王様、アテナイ人たちをお思い出しください」と繰り返させたように」（『エセー』I・9、前掲書、一巻、六三頁）。

＊14 タルテュビオス：トロイア戦争におけるギリシア軍総帥アガメムノンの伝令。『イリアス』

にその名がしばしば現れる。総帥の命令をさまざまな将軍に伝えた。彼の子孫は、長年にわたってスパルタの伝令を務めた。

＊15 小カトー（前九五―前四六）：ローマの政治家。生涯の敵カエサル（＊37参照）の圧倒的勝利を聞き、ウティカ（現在のチュニジアにあった都市）にて、刀で胸を刺して自害した。

＊16 スラ（前一三八―前七八）：ローマ共和政末期の政治家。晩年に「独裁官」として国家の改革に着手、元老院の権威を高めるための多くの手段を講じた。

＊17 ウルカヌス：古代ローマの火神。ギリシア神話のヘパイストスと同一視される。ヘパイストスは火と鍛冶の神。不思議な神力をもつ道具や武具、工芸品などをつくりだした。

＊18 小ブルトゥス（前八五―前四二）：古代ローマの政治家。カッシウス（＊19参照）に説得され、みずからの恩人カエサル（＊37参照）に対する陰謀に参加した（前四四）。

＊19 カッシウス（?―前四二）：古代ローマの軍人、政治家。カエサルにより政治的躍進を遂げ、シリア総督の地位を約束されたが、のちに反逆、暗殺の陰謀の主導者となった。

＊20 カスカ：カエサルの暗殺者のひとり。

＊21 キケロ（前一〇六―前四三）：古代ローマ随一の雄弁家、政治家。執政官のとき、カティリナの陰謀を事前に発見。元老院から「祖国の父」の称号を受けた。共和主義者でカエサルに対立、その死後はアントニウスに反対して殺された。

＊22 ハルモディオス（?―前五一四）：古代アテナイの美青年。アリストゲイトンという恋人がいたが、アテナイの僭主ヒッピアスの弟ヒッパルコスからも言い寄られる。嫉妬に駆られた

アリストゲイトンは、ハルモディオスとともに、ヒッピアスとヒッパルコスの暗殺を企てる。後者を殺害した時点で計画は失敗し、ハルモディオスはその場で殺される。のちにアリストゲイトンも処刑される。トゥキュディデス『歴史』Ⅵ・54―57、小西晴雄訳、ちくま学芸文庫、下巻、一一九―一二三頁参照。

＊23　アリストゲイトン（生没年不詳）：古代アテナイの中流市民。前注参照。

＊24　トラシュブロス（?―前三八八）：アテナイの将軍。民主政の熱心な支持者。前四〇四年、三十人僭主に追放されるが、ペイライエウスの町を占拠し、「三十人」側の部隊を制圧する。トラシュブロスとアテナイの三十人僭主との戦いについては、クセノポン『ギリシア史』根本英世訳、京都大学学術出版会、第一巻、一九九八年、Ⅱ・4、九五―一一三頁を参照。

＊25　ルキウス・ユニウス・ブルトゥス：前六世紀ごろ活躍。ローマに共和政を設立したと言われる伝説的英雄。

＊26　プブリウス・ウァレリウス・プブリコラ（?―前五〇三）：ローマの政治家。共和政樹立に貢献したひとり。前五〇九年、大ブルトゥスとともにローマから王一族を追放する。大ブルトゥスとウァレリウスについては、『プルターク英雄伝』河野与一訳、岩波文庫、二巻、「プーブリコラ」を参照。

＊27　シラクサのディオン（前四〇八頃―前三五四）：ギリシアの政治家。友人プラトンの影響のもとに、シラクサの僭主ディオニュシオス（＊9参照）およびその息子と対立し、のちこの都市を奪還し、共和政をうち立てるが、その後暗殺された。ディオンの戦いの経緯は、『プルタ

ーク英雄伝』前掲書、十一巻、「ディオーン」に詳しい。

＊28　ヒッポクラテス（前四六〇頃―前三八〇頃）：伝説的な医師。医術に関する数多くの著作が彼のものとされている。医術を自然現象の考察によって基礎づけようとする意図と、その厳格な職業意識によって、「医学の父」と呼ばれる。

＊29　クセノポン（前四三〇頃―前三五四頃）：歴史家、著述家、軍人。アテナイの貴族。ソクラテスの友人かつ弟子。ラ・ボエシはクセノポンの『家政論』を翻訳、彼の死後、モンテーニュが一五七〇年に出版している。

＊30　大スキピオ・アフリカヌス（前二三六頃―前一八三）：第二次ポエニ戦争時に新局面を展開したローマの将軍。ザマの戦い（前二〇二）においてハンニバルを倒し、北アフリカのカルタゴを壊滅。この業績により「アフリカヌス」の称号を授けられる。

＊31　テレンティウス（前一九五頃―前一五九）：古代ローマの喜劇詩人。カルタゴ生まれ。元老院議員の奴隷であったが、この議員のおかげでローマで教育を受け、解放された。

＊32　キュロス二世（前六〇〇頃―前五三〇頃）：カンビュセス一世の息子。アケメネス朝ペルシアの創始者とみなされる。メディア人を破ってペルシアの王となり、リュディアとバビロニアを征服する。

＊33　クロイソス（?―前五四六頃）：父アリュアッテスのあとを継いだリュディア最後の王。ちなみに、クロイソスを指すフランス語は、普通名詞 crésus として「億万長者」「大富豪」を意味する。

＊34　ティベリウス（前四二―後三七）：ローマ皇帝。リウィアの息子、皇帝アウグストゥスの継子、後継者。継承者ゲルマニクスの死と、部下のセヤヌスの失脚に続く恐怖政治で、広く嫌われるようになった。

＊35　ネロ（後三七―六八）：ローマ皇帝。母親アグリッピナの野心によってその名と地位を獲得。彼女は息子を四番目の夫であるクラウディウス帝の養子にした。最初は善政を行ったが、母親を殺害したのち、国政をなおざりにして遊戯にふけり、腐敗が始まる。ローマの大火（後六四）はネロの仕業だとみなされている。ネロ殺害の陰謀（ピソの陰謀）は失敗するが、やがて軍隊によって権力の座から引き降ろされ、自殺に追い込まれる。

＊36　タキトゥス（後五五頃―一二〇頃）：ローマの歴史家。政務官となり、弁論家として名声を博し、のち執政官となった。主な著書は二つの歴史研究書『同時代史』（『歴史』）と『年代記』である。

ネロに関する逸話の出典は、タキトゥス『同時代史』Ⅰ・4：「〔ネロの死後、〕元老院議員は浮かれていた。元首が新しくてローマに不在中とはいえ、あまりに大胆に、たちまち自由の政体を強奪した。元老院議員に次いで喜んだのは上級騎士であった。名家と結ばれていたまともな市民も、そして断罪され追放されていた人の庇護者や解放奴隷も希望に向かって立ち上った。／戦車競技場や劇場に馴染んでいた卑賤な民衆、それと共に性悪な奴隷、あるいは財産を蕩尽しネロの不面目で養われていた者は、喪に服しながら新しい政変の噂に飢えていた」（國原吉之助訳、ちくま学芸文庫、二〇一二年、一六―一七頁）。なお、モンテーニュも、タキトゥスの叙述を称賛している（『エセー』Ⅲ・8、前掲書、五巻、二九五―三〇〇頁）。
＊37 カエサル（前一〇〇頃―前四四）：古代ローマの将軍、政治家。ポンペイウス、クラッススと第一次三頭政治を結成。ガリア平定ののち独裁者となるが、小ブルトゥスとカッシウス（＊18、＊19参照）の率いる共和派によって元老院内で暗殺される。文人としてもすぐれ、著作に『ガリア戦記』『内乱記』などがある。
＊38 ピュロス（前三一九―前二七二）：古代ギリシアのエペイロスの王。
＊39 ウェスパシアヌス（後九―七九）：ローマ皇帝。内乱のために炎上したカピトリヌス神殿の再建やコロセウムなどの建設を行い、帝国は秩序繁栄を回復した。息子ティトゥスとドミティアヌスを後継者と定め、フラウィウス朝を開いた。
＊40 シビュラ：アポロンの巫女たちの呼び名。ウェルギリウスの『アエネイス』Ⅵに登場する。アエネアス（『アエネイス』は「アエネアスの歌」の意）は、クーマエでシビュラを訪ね、自分がこれから遭遇する戦いについての予言を聞かされる。彼女はアエネアスをともなって冥界に下り、その世界の様子を彼に語る。
＊41 サルモネウス：ギリシア神話の登場人物。アイオロスとエナレテーの子。はじめはテッサリアに住んでいたが、のちエリスに移り、都市サルモネを建設した。彼は高慢で、みずからゼウス（ユピテル）と称し、青銅の道を造って、その上を戦車で青銅の釜を引っぱって走り、その音を雷鳴だと偽り、空にむかって火のついた炬火を投げて雷光だと言い張った。怒ったゼウスは雷霆で彼を撃ち、サルモネの町と住民とを滅ぼした（高津春繁『ギリシア・ローマ神話

辞典』岩波書店より)。

*42 ユピテル:ギリシア神話の主神ゼウスのローマでの名前。天候、とくに雷を司る天空神。オリュンポス十二神をはじめとする神々の王。

*43 ピエール・ド・ロンサール(一五二四—八五):プレイアッド派の代表的詩人。『オード四部集』(一五五〇)、『恋愛詩集』(一五五二)で名声を確立。宗教戦争時代にはカトリック陣営を代表し『フランス国民への訓戒』(一五六二)、『当代の惨禍を論ず』(一五六三)で新教徒と論戦、平和を説く。フランス建国の叙事詩『フランシアッド』にも着手するが、二十四巻の構想のうち、四巻までで終わる(一五七二年刊)。十音綴で記された四巻は『アエネイス』を踏まえていて、フランス王国の建設が、トロイア戦争におけるトロイア軍の総大将ヘクトールの息子アステュアナクス(詩中ではフランクス)によるものとしている。

*44 ジャン=アントワーヌ・ド・バイフ(一五三二—八九):プレイアッド派の詩人。ラ・ボエシは、ロンサール、バイフと個人的な交流があったと推測される。

*45 ジョアシャン・デュ・ベレー(一五二二—六〇):プレイアッド派の詩人。ロンサール、バイフとともにパリのコクレ学寮において、ギリシア学者ドラに古典学を学ぶ。一五四九年、コクレ学寮グループを中心に生まれたプレイアッド派の前身「部隊」(brigade)の宣言書『フランス語の擁護と顕揚』を発表。フランス語の使用を力説し、それを豊かにすべきこと、そのために古代やイタリアに倣って詩を革新すべきことを説く。

*46 クロヴィス一世(四六六頃—五一一):メロヴィング朝の初代フランク国王。四八六年ソア

ッソンの戦いで、ロワール川以北の地域を支配下におき、フランク王国を建てた。

＊47　大ポンペイウス（前一〇六―前四八）：共和政ローマ末期の軍人、政治家。カエサル（＊37参照）、クラッススと並び三頭政治でローマを支配する。クラッススがパルティア攻略中に戦死し、三頭政治が崩壊すると、元老院保守派に担がれてカエサルと対決した。ファルサロスの戦い（前四八）でついにカエサルに敗れると、まもなくエジプトで殺害された。

＊48　セネカ（前五頃―後六五）：ローマの哲学者、政治家、著述家。姦通の咎でクラウディウス（＊51参照）によりコルシカ島に追放されるが、アグリッピナに呼びもどされる。彼女はセネカに信を置き、息子ネロ（＊35参照）の教育を託す。五七年にネロにより執政官に取り立てられるが、ストア哲学の影響を受けた彼は道徳規範に厳格であったため、次第にネロの不興を買うようになり、公職から引退する。陰謀に引き入れられ、非難の矢面に立たされ、ローマで血管を切って自害する。モンテーニュは、セネカの死と、一緒に死のうとした妻パウリナを称賛している（『エセー』Ⅱ・35、前掲書、四巻、二七五―二八一頁）。

＊49　ブルス（後〇一頃―後六二）：ローマの政治家。セネカとともに若き皇帝ネロをしばらくの間養育するが、次第に疎まれるようになり、入獄させられる（ネロに毒殺されたとも言われる）。

＊50　トラセア（？―後六六）：ローマの元老院議員、哲学者。はじめはネロの厚い信頼を受けるが、やがて権力から遠ざかる。ネロへの反逆罪で死刑を宣告され、血管を切って自害する。

＊51　クラウディウス（前一〇―後五四）：ローマ皇帝。臆病な性格で、生涯を歴史研究に捧げる。先代皇帝カリグラ（訳注（84）（85）参照）を殺害した者たちに担がれるかたちで皇帝に着任す

る。三番目の妻メッサリナは悪女として有名で、夫の権力を使って貴族たちに関係を迫ったり、それを拒んだものは夫の名前を使って処刑したりした。次の妻アグリッピナに毒キノコを食わされて殺されたという。Cf.タキトゥス『年代記』XI・12、13、26—38、XII、国原吉之助訳、岩波文庫、下巻、二三—二五頁、三九—五一頁、五七—一一二頁。スエトニウス『ローマ皇帝伝』V、国原吉之助訳、岩波文庫、下巻、七七—一三一頁。

＊52 ドミティアヌス（後五一—九六）：ローマ皇帝。最初は穏健にはじまったその治世は、次第に暴虐となる。ユダヤ人やキリスト教徒を迫害したことでも知られる。ステパヌス（姪ユリア・ドミティアの執事）を含む元老院議員らや元側近によって暗殺された。

＊53 コンモドゥス（一六一—一九二）：「哲人皇帝」マルクス・アウレリウスの子。しばしばローマ帝国史上最悪の皇帝のひとりとして言及され、「暴虐帝」とも呼ばれる。翌日に剣闘士の装束で元老院へ行く計画を立てて寝ているところを、一剣闘士によって暗殺された。殺害計画には愛人のマルキアが加わっていたとされる。

＊54 アントニヌス（マルクス・アウレリウス・アントニヌス・カラカラ、一八八—二一七）：ローマ皇帝。カラカラはあだ名で、彼が用いたケルト人の衣服にちなむ。メソポタミアのカルラエ付近で、親衛隊のマクリヌスによって暗殺された。今日もローマに遺跡として残る巨大な公共浴場（カラカラ浴場）をつくったことでも有名。

【訳注】

（1）「自発的隷従」（servitude volontaire）という表現は、セネカ『人生の短さについて』（Ⅱ・1）に見つかる。「世の中には飽くことを知らない貪欲に捕われている者もいれば、無駄な苦労をしながら厄介な骨折り仕事に捕われている者もある。〔……〕また有難いとも思われずに高位の者におもねって、自ら屈従に甘んじながら身をすり減らしている者もある（sunt quos ingratus superiorum cultus *uoluntaria seruitute* consumat）」（『人生の短さについて（他二篇）』茂手木元蔵訳、岩波文庫、一〇―一一頁）（S.M. 注より）。

（2）ホメロス『イリアス』Ⅱ・二〇四―二〇五行。

（3）ラ・ボエシはここで、一者による支配の弊害のみを問題にするのであって、それが複数者による支配の弊害とくらべてより大きいか否かという点については、判断を保留している。

（4）「国制」の原語 «république» の原義は「公共的なもの」（Res publica）であり、ラ・ボエシもここでこの意味を念頭に置いて用いている。

（5）「単独支配制」の原語 «monarchie» は、語源からすれば、善悪の価値判断を含まず、単独支配者による政治のあらゆる形態を包括して示す概念である（アリストテレスは、『ニコマコス倫理学』Ⅷ・10において、「王制」basileiā とその逸脱形態である「僭主制」tyrannis の双方を、「単独支配制」monarchiā と呼んでいる）が、哲学用語としては、一者の「悪しき」政治形態を指示する語（「僭主制」tyrannie,「専制」despotisme）と区別するために、良い意味、すなわち現代の

「君主制」の意味で用いられてきた。ちなみに、《dictature》は、古代ローマの独裁官を示したことから、極度の権力をもつ独裁者による一時的な政治体制を意味するものと理解されてきた（Cf. *Encyclopédie philosophique universelle. Les notions philosophiques*, Paris, PUF, 1998, 2 vol., art. 《monarchie》）。ラ・ボエシは、一者による政治の善悪そのものを今後問題にしていくのであるから、ここではその判断を含まない訳語を使用する。

（6）「圧政者」の原語《tyran》は、ここでは、主観的な価値付けを含む「僭主」「暴君」とするよりも、単独支配によって強大な権力をもつ君主という、より中立的な意味で理解しておくのが適当であろう。

（7）前四〇四年、ペロポネソス戦争での敗戦によって、アテナイの民会はスパルタ軍の介入のもとで、のちに「三十人僭主」と呼ばれることになる立法委員を選出した。彼らはテラメネスの穏健派とクリティアスの過激派に分かれて対立するようになり、最終的にクリティアスはテラメネスを処刑する。クリティアス死亡ののち過激派が退き、翌年には民主政が回復、前三二二年まで続く。

（8）この段落と次の段落は、「自然」（本性）としての自由に反して人間が隷従してもそれほど異様ではないような、例外的な状況をあらかじめ示す、譲歩の意味をもつと理解できる。すなわち、この段落では、時局次第では一時的に隷従に耐えるのが賢明な場合もある（一時的隷従）ことが述べられ、次段落では、（自由と同様に人間の自然を構成する）「友愛」の原理からすれば、信頼に足る仲間を支配者とすることもありうる（友愛関係を前提とした隷従）――ただし、これが後に描かれる一般的な隷従関係へと変化する可能性もある——ことが述べられている。このような二つの場合はともかく、それ以外の状況で多くの人間が隷従を甘受することはまったく理解できない（後続「それにしても、おお神よ」以下）、というのである。

(9) 「小男」«hommeau» の接尾辞 -eau、「小娘」«femmelette» の接尾辞 -ette は、ともに軽蔑を示す。

(10) この箇所には、圧政者についての文学上の定型表現が並べられているにすぎないのだが、かつて、それがシャルル九世からアンリ三世にいたるフランス王のことを暗に述べているという説が主張され、論争を招いた（GOY. 注より）。

(11) ラ・ボエシにおいて、「民衆」peuple は一般に、「国民」nation, pays や「住民」habitants とは異なり、明確な文化的・政治的統一性をもたない多数の人間の集団を意味する。しばしば「圧政者」tyran の対立語として用いられ、圧政に抵抗する意志や勇気を欠き、自発的な隷従に甘んじる人々の全体を指示することから、軽蔑的な文脈で用いられることが多い。「俗衆」populas には、より強い否定的な語感が加わる。次を参照のこと。Anne Dalsuet, «Les mots du texte. Servitude volontaire, tyran, peuple», 3. Peuple, 1) L'ambiguïté du mot dans le *Discours*, in *M.D.*, pp. 88-92.

(12) 自然権（droit naturel）：自然（nature）、あるいは人間の本性（nature humaine）に基づくがゆえに、いついかなる場所でも、人間として当然享受し、主張すべきだと考えられる諸権利のこと。人間によって定められ、時代と場所によって変化する「実定的諸権利」（droits

positifs）に対置される。

（13）L・ジェルビエは、隷従を自然に反するものと認めるラ・ボエシの立場を、アウグスティヌスとアリストテレスの隷従に関する古典的な理論に明白に対立するものであると説いている。アウグスティヌスは原罪による人間の意志の堕落が隷従の起源であるとみなす。神は地上の平和を維持するために、人間たちを支配者に服従するように定めた（アウグスティヌスにおいて、支配者は、邪欲の最たるものである「支配欲」に囚われ、心を荒廃させてしまうがゆえに、みずからに服従する人々よりもなお不幸であるとされる）。「奴隷の状態の第一の原因は罪であって、その結果、人間はその境位の拘束を受けて人間に服従せられるのである」（『神の国』XIX・15、服部英次郎・藤本雄三訳、岩波文庫、五巻、七三頁）。一方アリストテレスは、人間の本性のなかに共同体（家族、村、町）の形成作用を認め、個人の存在よりも共同体の原理（すなわち隷従）が先立つとするほか、生物間に階層秩序が存在する以上、隷従は自然な事態であると考えた。ラ・ボエシはこのような二つの伝統的な立場を意識的に批判し、人間は本性（自然）によって自由を望むのであり、自由を志向する（動物も含めたあらゆる）個体の本性が制度以前に存在し優先される、と主張するのである（L. Gerbier, «Les paradoxes de la nature dans le *Discours de la servitude volontaire* de La Boétie», in *TOU*., pp. 115-130）。ラ・ボエシが古典古代の作家の著作に親しみつつも、独自な思想を作りあげたことを示す興味深い研究である。次も参照のこと。Anne Dalsuet, «Les mots du texte. Servitude volontaire, tyran, peuple», 1. Servitude volontaire, 3) La servitude comme dénaturation, in *M.D.*, pp. 76-80.

(14)「アカデメイアの学者たち」(«les académiques»):プラトンとプラトン主義者のこと。人間には絶対に確実なものへと到達することは不可能であり、せいぜい本当らしいことだけしか理解できないと考える哲学者たちの一派である。Cf. モンテーニュ『エセー』II・12、原二郎訳、岩波文庫、三巻、二四四頁など。

(15) かつては自由と、自由を保持する熱情をもっていた、ということに対して与えられるべき名誉のこと。

(16) モンテーニュ『エセー』:「なんと面白い光景ではないか。〔……〕われわれの知識が動物からさえ、人生のもっとも重大で必要なことについての有益な教えを、たとえば、いかに生き、いかに死に、いかに財産を管理し、いかに子供たちを愛育し、いかに正義を維持すべきかを学ばねばならぬとは」(III・12、前掲書、六巻、九〇頁)。このような考えは、ラ・ボエシが翻訳したクセノポン『家政論』にも頻繁に認められる。

(17) *ALL.* は、この箇所と、プルタルコス『モラリア』(『倫理論集』)「(ものの言えない)動物が理性を用いることについて」(987・d—f)との関連を指摘している。その一部を英訳版から試訳する。「隷従から逃れようとするのは動物の本性であり、彼らは勇敢な心をもって、最後の最後まで屈服しない精神を維持する。力のうえで相手がまさっているときでも彼らは決して降参はしない。争いで負けていたとしても、心では決してあきらめないのだ。多くの場合動物たちは、まさに死のうというときになると、勇気を奮い立たせて、闘争精神をからだの一部分に集中させ、痙攣するような動きと猛々しい怒りが——火がおさまるように——完全に消え去ってしまうまで、相手に抵抗する。〔……〕そして動物たちは、人間の罠や計略によってとらえられてしまった場合、十分に成長していれば、餌を拒絶し、喉の乾きの苦しみに耐える。彼らは隷従の代わりにあえて死を選び、受けいれるのだ」(Plutarch, *Moralia*, tome XII, translated by H. Cherniss and W. C. Helmbold, Cambridge, Harvard University Press ; London, William Heinemann Ltd. 1957, «The Loeb Classical Library», p. 503)。

また、モンテーニュも「動物は、死を楽しく受けるばかりでなく(たいていの馬は死ぬときにいななくし、白鳥は死を歌う)、さらに、象の多くの例が示すように、いよいよとなれば、すすんで死を求めるそうである」と記している(『エセー』Ⅲ・12、前掲書、六巻、一〇〇頁)。

(18) プリニウス『博物誌』Ⅷ・3:「これらの動物〔=象〕は牙をこのうえなく大切にする。彼らは闘争の際それがなまくらであっては困るので、一本の先端は使わないようにする。そして根を掘ったりかさばるものを押し出したりするには、いま一本の牙を用いる。そして一隊の猟人たちに囲まれるようなことがあると、いちばん小さな牙をもっているものを前方に配置して、彼らと闘ってもましゃくに合わないと思われようとする。そしてその後疲れはてると、牙を立木に打ちつけてそれをへし折り、その望まれている獲物の代償と引き替えに身を救うのである」(『プリニウスの博物誌』中野定雄・中野里美・中野美代訳、雄山閣出版、一九八六年、一巻、三四五頁)。

(19) 馬に乗るとき靴のかかとに取り付ける金具。一端に歯車があり、馬の腹部を刺激して馬を御するもの。

(20) この詩行は、ラ・ボエシの詩集のなかには見つからない。

(21)『自発的隷従論』に見られる聖書への唯一の言及である。ラ・ボエシは、モンテーニュの聖書に対する慎重な態度を共有していたとも考えられる(「われわれの信仰の神聖な玄義が書いてある聖書が、広間や台所でぺちゃくちゃ論議されることも間違っている」『エセー』I・56、前掲書、二巻、二〇〇頁)。ここでラ・ボエシはとくに、『サムエル記』に見られる、民がサムエルに対して、これまでの「裁きを行う者」による政治に代えて、王制の導入を要求する箇所(VIII)を念頭に置いていると考えられる。

また、タキトゥス『同時代史』V・8には、次のような記述がある。「東方諸国がアッシュリア人やメディア人やペルシア人に支配されていた間、ユダエア人は隷属国の中で最も軽蔑されていた。マケドニア人が、この辺りで最も勢力を誇っていた頃、アンティオコス王は、ユダエア人からこの迷信〔ユダヤ教のこと〕を追放し、ギリシア風の宗教を導入しようとしたが、パルティア人との戦争に妨げられ、反抗心の強いこの民族を改善できなかった。というのも、ちょうどその頃アルサケス王が〔パルティアの〕王位を簒奪したからである。/その後マケドニアの勢力が衰退し、パルティアがまだ強力でなかったとき——そしてローマ人が遠く離れていたので——、ユダエア人は自発的に自分たちの王を推戴した。代々の王は民衆のむら気で追放されても、武器に訴えて再び支配権を得て、市民を追放し町を破壊し、兄弟、妻、両親を殺し、その他王がいつもやりそうな残虐行為を犯したが、迷信だけは保護した。司祭の名誉は、おのれの権力の堅固な基盤であると考えていたからである」(國原吉之助訳、ちくま学芸文庫、二〇一二年、三八九頁)。

(22) プルタルコス『英雄伝』「アレクサンドロス」11―13、『プルターク英雄伝』河野与一訳、岩波文庫、九巻、二〇―二三頁参照。

(23) プルタルコス『英雄伝』「ソローン」29―31、前掲書、二巻、四三―四七頁参照。

(24) 「善の種子」は «les semences de bien»。「理性の種子」«semence de raison» という表現がすでに用いられている(本書二五頁)。

(25) ルネサンスのユマニストたちにおいて、ヴェネツィア共和国の自由はきわめて高い評判を得ていた(実際にはヴェネツィアの貴族制は極端に権威的であったが)。モンテーニュによれば、「もしも彼〔ラ・ボエシ〕がどちらを採るといわれれば、当然のことながら、サルラよりもヴェネツィアに生まれることを望んだであろう」という(『エセー』I・28、前掲書、一巻、三七六頁)。なお、サルラ(Sarlat)とは、ラ・ボエシが実際に生まれた小都である。モンテーニュのヴェネツィア観について、次を参照。斎藤広信『旅するモンテーニュ――十六世紀ヨーロッパ紀行』法政大学出版局、二〇一二年、一〇三―一〇七頁。

(26) 「大帝」(Grand Seigneur)とは、トルコのスルタン(皇帝)のことであり、圧政の象徴ともなっていた。

(27) プルタルコス『モラリア』「子供の教育について」:「スパルタ人たちの立法家であるリュクルゴスは、同じ親犬から一緒に生まれた二頭の子犬を引き取り、互いにまったく異なる方法で飼育して、その一頭を食い意地の張った悪戯好きの犬にし、もう一頭を臭いの追跡で狩猟ができる犬にしました。そして、スパルタ人たちが一同に会したあるときに、彼は次のように述べたのです。「スパルタ人諸君、徳に達するために決定的な影響力をもつのは、生活を導く習慣と教育と教えである。そこで、わたしは諸君に、ただちにそのことを明らかにしてみせよう」。そして、二頭の子犬を引き出して結びを解いて、子犬たちの真ん前に餌皿と野ウサギを置きました。すると、一頭の犬は野ウサギめがけてさっと飛びかかりましたが、もう一頭の犬は餌皿にまっしぐらに駆け寄りました。スパルタ人たちは、彼がそのことによって何を言おうとしているのか、どのような意図で犬を見せたのか、まだ理解ができなかったので彼は次のように述べました。「この二頭はどちらも同じ親犬から生まれたが、異なる飼育を受けたその結果、一頭は食い意地の張った犬になり、一頭は猟犬となったのだ」（『モラリア』一巻、瀬口昌久訳、京都大学学術出版会、二〇〇八年、八―九頁）。

なお、モンテーニュもリュクルゴスを称賛している：「あの偉大なリュクルゴスの実例と権威は、大いに重視しなければならないし、このラケダイモンという崇高な国家が、学問の教育や演習もなしに、徳と幸福において、かくも大きな、かくも驚くべき、かくも長期にわたる、さかんな尊敬を得たことも、大いに重視しなければならない」（『エセー』Ⅱ・12、前掲書、三巻、一一五頁）。

(28) 以上の挿話は、ヘロドトス『歴史』Ⅶ・133―135、松平千秋訳、岩波文庫、下巻、八三―八五頁に見られる。クセルクセスは結局二人のスパルタ人を無事に帰し、タルテュビオスの怒りもいったんは収まる。

(29) 原語 «ouvroir» は職人がものを作り、販売する場所を指示することから、ここでは〈圧政者の恣意に基づく〉刑の宣告と執行がともになされる場所、というような意味か。

(30) この挿話については、プルタルコス『英雄伝』「小カトー」3、前掲書、九巻、二二八頁参照。なお、モンテーニュは、カトーの死について何度も言及している。とりわけ、『エセー』I・37、前掲書、二巻、三七—四一頁、I・44、二巻、一一一—一一二頁、II・11、二巻、三八五—三八八頁、II・13、四巻、一六—一七頁を参照。

(31) ホメロスの記述では、ラ・ボエシの説明とは異なり、キンメリオイ人の国ではつねに暗闇が支配している。『オデュッセイア』XI:〈オデュッセウスは冥府に足を踏み入れる〉「船はやがて、深く流れるオケアノス河の涯に着いた。ここではキンメリオイ族が国土と町を構え、霧と雲に包まれて住んでいる。輝く陽の神も、星をちりばめる天空に昇る時と、天空から再び地上に向かう時とを問わず、彼らには光明の矢を注ぐことが絶えてなく、憐れな人間どもの頭上には、呪わしい闇が拡がっている」(松平千秋訳、岩波文庫、上巻、二七七頁)。

(32) モンテーニュ:「自然がわれわれの存在を維持するために厳密に、根源的に必要なものとして要求するものはあまりにもわずかであるとしても、〔……〕われわれにはもう少し余分に何かを許そうではないか。われわれ各人の習慣や環境をも自然と呼ぼうではないか。その尺度でわれわれを評価し、取り扱おうではないか。われわれの付属物や勘定をそこまで拡げようではないか。なぜなら、そこまでならわれわれもいくらか弁解ができそうに思うからだ。習慣は第二の自然であり、自然に劣らず強力である。私は私の習慣に欠けているものを、私に欠けているものだと思っている。だから、もしも私がこんなに長い間暮らしてきた生活環境をひどく縮減されるなら、生命を奪われてもいいと思っている」（『エセー』Ⅲ・10、前掲書、六巻、一八頁）。

（33） 圧政者は、長期的な支配によって、民衆をみずからの悪政に慣れさせ、ときにはそれを善政と勘違いさせることすら可能であるが、それでもなおその行いは、より超越的な観点からすれば「不正」であり続ける、ということ。この超越的な観点とは神の観点であることが、本論の末尾部分で明らかになる。

ゴワイヤール＝ファーブルは、ラ・ボエシがここで、法を慣習や伝統によって基礎づける法理論を退けていると指摘している（ここでの「不正」«injure» の語源は「法の不在」（*in-juria*）である）（GOY. 注参照）。

なお、モンテーニュとパスカルはいずれも、既存の法に本質的な正義は不在であることを前提に、それをあくまでも平和維持の観点から遵守すべきであると説いている。モンテーニュは、「どんなものであろうと既存の法律を変更することには、それを動かしたときに生ずる弊害を上廻るだけの明らかな利益があるかどうか、大いに疑問である」（『エセー』Ⅰ・23、前掲書、一巻、二二二頁）と述べる。彼は、たとえ悪法であっても、習慣によって存続してきたものであるかぎり、軽率にそれに変更を加えたり革新したりすべきではないと考えた（同上、二二二—二二九頁）。一方、パスカルは、法や制度の根拠がその古さと持続性にしかないという考察から、法の根本的な恣意性を指摘するが、現実的観点からすれば、なおその上で、民衆には法が正しく根拠づけられたものだと納得させて、集団の秩序の安寧を図るべきだとの立場に立つ（山上浩嗣「パスカルにおける「習慣」の問題」『フランス哲学・思想研究』12号、日仏哲学会、二〇〇七年、一六一—一七七頁を参照）。

(34) ホメロス『オデュッセイア』「第一歌」のなかで女神アテナがゼウスに語ることば：「オデュッセウスは、せめてのことに故国の土から立ち昇る、煙なりとも見んことを願いつつ、むしろ死を望んでいるのです」（前掲書、上巻、一三頁）。

(35) 原語《populas》（《populace》とも綴る）は、「民衆」を軽蔑的に指示する表現である。訳注(11)を参照。

(36) モンテーニュも同様に、自分の時代をよく知るために歴史を学ぶことの重要性を主張している：「これほど多くの気質、学派、判断、意見、法律、習慣のあることが、われわれにわれわれ自身のそれらを正しく判断することを教え、われわれの判断にその不完全さと生れつきの弱点を認めることを教えます」（『エセー』I・26、前掲書、一巻、二九九頁）。

(37) モンテーニュはラ・ボエシとは異なり、トルコの王が学問を軽視した点を、国民の心を強固にするとして、むしろ評価している：「今日、世界でもっとも強い国はトルコ人の国である。彼らもまた、武技を尊び、学問を軽蔑するように教育された国民である」（『エセー』I・25、前掲書、一巻、二七〇頁）。

(38) ラ・ボエシがこの逸話によって言いたいのは、ここで意地悪なモムスは、ふだんは皮肉しか言わないのに、珍しく真に人間の益になるまともな忠言を行おうとしている、ということであろう。

モムスのこの挿話については、ルキアノス『ヘルモティモス』に関連の記述が見られる。リュキノスのせりふ：「君〔対話者のヘルモティモス〕のなかにどんな欠点を見つけたか、モモス〔ラテン語読みではモムス〕がヘパイストス〔ウルカヌスと同一視される〕のなかにどんな欠点を見つけたか、知っているだろう。知らなければ教えてやろう。物語はこうだ。アテナ、ポセイドン、ヘパイストスが、三人のうちでだれが一番すぐれた職人かということについて言い争っていた。ポセイドンは泡を作り、アテナは家を設計し、ヘパイストスは人間を合成した。彼らがモモスのもとにやってきて彼に審判を頼むと、モモスは三人の作品を精査した。彼がほかの二人のうちにどんな欠点を見つけたかということについては、ここでの問題ではない。ただ、モモスによる〔ヘパイストスの作った〕人間への批評と、その制作者ヘパイストスへの非難は、次のようだった。ヘパイストスは、その人間の胸に、その欲望や思考、あるいは彼が本当のことを言っているかどうかを、だれもが見ることができるような窓を作らなかった、というのだ」（*Hermotimus*, in *Lucian*, VI, translated by K. Kilburn, Cambridge, Harvard University Press, «The Loeb Classical Library», p. 299. 訳は山上）。エラスムスも『格言集』のなかで、ルキアノスが語ったこととして上の挿話を紹介しているが（Érasme, *Les Adages*, sous la direction de J.-Ch. Saladin, Paris, Les Belles Lettres, 2011, 5 vol., volume I, adage 474: «Donner satisfaction à Momus et autres proberves semblables», p. 383）、いずれにおいても、「これ〔モムスの非難〕はあながち単なる嘲りの念からではなかった」というラ・ボエシの文の根拠となる描写は見当たらない。

(39) この逸話は、プルタルコスから得たと見られる：「キケローは、ブルートゥスとは特に親しい友人であったし、現在の情勢には心を傷めて他の人に劣らず昔の状態に憧れてはいたけれども、カエサルに対して行われていた陰謀には加わらなかった。もっとも一味のものはキケローの天性が決断を欠いていることを恐れたし、その年齢（六十三歳）では、たとえ気の強い人でも気怯れがするものである」（『英雄伝』「キケロー」42、前掲書、十巻、二二六頁。同「ブルートゥス」12、十一巻、二四〇―二四一頁をも参照）。

なお、モンテーニュはキケロについてこう書いている。「キケロについては、彼が心のうちに、学問以外に大してすぐれたものをもっていなかったという一般の意見に、私は賛成する。彼は、彼のように太って快活な人たちがそうであるように、人の好い善良な市民であった。だが、正直なところ、惰弱と野心的な虚栄を多分にもっていた」（『エセー』Ⅱ・10、前掲書、二巻、三六九―三七〇頁。同Ⅱ・31、四巻、二一五頁をも参照）。

(40) カエサル暗殺後、小ブルトゥスは危険な敵であるアントニウスを赦し、彼にカエサルの葬儀をゆだねた。その結果、破れて血まみれになったカエサルの上衣を見た民衆は、故人のために蜂起した。ブルトゥスとカッシウスは町を追われる（プルタルコス『英雄伝』「ブルートゥス」20―21、前掲書、十一巻、二五〇―二五二頁）。その後、二人はともに追いつめられて自害する。モンテーニュは、下手な「外科医」であったカエサルの暗殺者たちの誤りは、「悪い肉を死なせる」だけで満足し、病気の国家を治療することを考えなかったことにあると言う（『エセー』Ⅲ・9、前掲書、五巻、三二六―三二七頁。Cf. 同Ⅱ・3、二巻、二六〇頁）。

(41) これに関する記述は『病について』ではなく、『空気、水、場所について』のなかに見つかる：「人間が自分自身を統治せず、独立でなくて専制君主の下にあるところでは、人々は武勇を練ることよりも、かえって戦闘力をもたないように装おうとつとめる。両者の危険はくらべものにならないからである。君主のために軍務に服し労苦をなめ死をおかし、妻子その他の身内と離別することを強いられるであろう。彼らのなしとげる手柄と武勲とによってその富が増大し勢が強まるのは君主たちであり、危険と死を収穫するのは彼ら自身である」(ヒポクラテス『古い医術について（他八篇）』小川政恭訳、岩波文庫、二七頁)。

(42)「トルコの大王」とは、前五世紀のペルシア王、アルタクセルクセス一世のことである。長く平和な治世の間、エルサレムにおいてユダヤ教を容認した。

(43)『ヒエロン』。クセノポンは本書のなかで、詩人シモニデスとシラクサの僭主ヒエロンを対話させ、圧政に対する告発を行っている。モンテーニュは、『エセー』I・42「われわれの間にある差異について」のなかで、『ヒエロン』をもとに、僭主の不幸について論じている（前掲書、二巻、九六―一〇二頁）。

(44) ラ・ボエシは、ここで『ヒエロン』(『クセノポン 小品集』松本仁助訳、京都大学学術出版会、二〇〇〇年、所収）の次のような一節を念頭に置いていると考えられる。「僭主は、人に対するこの信頼を最小限にしかもてないのだ。なぜなら、僭主は、食べ物や飲み物にたえず疑惑を抱き、それらに入っている毒を食べたり飲んだりしないかという不信の念から、神々にそれらの飲食物が捧げられる前に、まず、召使にそれらの毒味をするように命じているからである」(Ⅳ・1、一六頁)。「僭主は愛国者でなければならない。国家がなければ、僭主は生きていることも幸福であることもできないだろう。だが、僭主政治は自分の祖国をさえ非難しなければならない。というのは、僭主は、国民を勇敢にし、よい武具を整えさせても喜ばないし、むしろ外国人を、国民より力をもたせて喜び、護衛兵にしているからである」(Ⅴ・3、一九頁)。そのほか、Ⅱ・6—11、一三頁なども参照。なお、プラトンは『国家』のなかで、「独裁僭主的人間」の性格について論じている(Ⅸ・1—3、藤沢令夫訳、岩波文庫、下巻、二四〇—二五三頁)。

(45) ティトゥス・リウィウス『ローマ史』XXII・25・15に「軍を損傷なしに救ったことは、何千もの敵を滅ぼすよりも大きな名誉に値する」という文が見いだされるが、それを発しているのはスキピオの敵となるファビウス・マクシムスである(Tite-Live, *Histoire romaine*, XXII, in *Œuvres de Tite-Live*, avec la traduction en français, publiées sous la direction de M. Nisard, Paris, Firmin Didot, 1869, 2 vol., tome 1, p. 531)。

(46) Cf. プラトン『国家』Ⅷ・17:「「それにまた、彼(僭主)を擁立することに協力して、現在権力ある地位にある者たちのなかからは、彼に対してもお互いに対しても自由に物を言い、事態をとがめる者が何人か出てくるだろうね——人並以上に勇気のある人々がいたならば?」/「当然考えられることです」/「そこで僭主(独裁者)は、支配権力を維持しようとすれば、そういう者たちのすべてを排除しなければならない。ついには敵味方を問わず、何ほどかでも有為の人物は一人も残さぬところまでね」/「ええ、明らかに」/「そういうわけだから、彼は、誰が勇気のある人か、誰が高邁な精神の持主か、誰が思慮ある人か、誰が金持であるかといったことを、鋭く見抜かなければならない。こうして彼は、そういう人々のすべてに対して、好むと好まざるとにかかわらず敵となって陰謀をたくらまなければならないという、はなはだ幸福な状態に置かれることになるのだ——国家をすっかり浄めてしまうまでは」(前掲書、下巻、二三一—二三二頁)。

(47) テレンティウスの現存する六作の喜劇のうちのひとつ、『宦官』第三幕、第一場の一節(『古代ローマ喜劇全集第五巻・テレンティウス』鈴木一郎訳、東京大学出版会、一九七九年、二三五頁、「訊ねるけれど、動物を/指揮してるんで、そんなにも/怒ってるのか」)。なお、モンテーニュもテレンティウスの作品を称賛している(『エセー』I・40、前掲書、二巻、七二頁など)。

(48) 今日ではトルコ西部、イズミル北東の小村サルトにあたる。

(49) ラテン語の lude は ludus(遊び)の、Lyde は Lydus(リュディア人)の、それぞれ単数呼格である。呼格の使用は文脈にはふさわしくないと思われるが(「遊びよ」「リュディア人よ」と呼びかける箇所ではないので)、諸版にはこの点に関してとくに注記がない。本訳書底本の *TOU.* が依拠する「ド・メーム写本」(解題注(17)参照)ではたしかに lude/Lyde と読めるが、「写本20157」(同上)では代わりにそれぞれ複数主格の ludi/Lydi の形が記されており(*GON.* p. 108)、*GOY.* などいくつかの版も後者に従っている。ここでは後者のほうがふさわしいと思われる。「ド・メーム写本」の筆者が誤って i を e と記したのではないか(同写本にはこの種の誤りがほかにも見つかる)。以上に関して、東京大学総合文化研究科の斉藤渉さんから貴重なご教示を得た。記して感謝申し上げる。

キュロスの術策については、ヘロドトス『歴史』I・155―156、前掲書、上巻、一一九―一二〇頁に言及があるが、ここではそれを提案したのはクロイソスであるとされている。典拠は、末尾の語源説にも触れている、エラスムス『格言集』にも求められる。「キュロス王は、リュディア人を負かした後、クロイソスの助言に従って、彼らに商業を営み、決して武器を用いないように命じた。そして彼らは、かつて女々しさの象徴であった、地面にまで伸びた長衣を着せられた。こんなふうに潜在的に女性にさせられたからには、彼らは反抗するにも役に立たないだろうと思われたからだ。ヘロドトスは、『歴史』第一巻にて、商店主や行商人になったのは、リュディア人が最初であると語っている。ヘシシウスによれば、公衆演劇を発明したのはリュディア人であり、ローマ人のルディ（LUDI）〔＝遊戯〕という語はこのことに由来するという」（Érasme, *Les Adages, op. cit.*, volume II, adage 1596: «Le Lydien tient négoce», p. 374. 訳は山上）。

なお、モンテーニュは、国家における遊戯の導入を、むしろ必要な政策として評価している：「よい政治は、信仰の厳粛な儀式の場合と同じく、競技や遊戯にも市民を集めることに心をくばります。社会の融和と友好とがそれによって増加いたします」（『エセー』I・26、前掲書、一巻、三三三頁）。
(50) 原文は «par la moindre plume qu'on leur passe devant la bouche»。passer la plume par le bec（くちばしで羽根を与える）で、人を期待させておいてやきもきさせるさまを表す

(Voir A. Furetière, *Dictionnaire universel*, 1690, art. «plume»).

(51) カエサルの「甘やかさ」(douceur) については、プルタルコス『英雄伝』「カエサル」34、46、48、前掲書、九巻を参照。たとえば、「ポンペーイウスが殺された後アレクサンドレイアに行ったカエサルは、ポンペーイウスの首を持ってきたテオドトスには背中を向けたが、故人の指環を受け取って涙を流した。ポンペーイウスの友人や親戚でその地方をさまよっている間にエジプト王のために捕虜になったものには、すべて恩恵を施して味方に付けた。ローマにいる友人に遣った手紙には、今度の勝利で味わった最も大きな楽しみは、自分に対して戦争をした市民をずっと幾人ずつか助けてやったことだと書いている」(48、一五七頁)。なお、モンテーニュのカエサルに対する見方は、ラ・ボエシほど厳しいものではない。カエサルの寛容さについては評価し、その「野心という狂おしい情念」を断罪している(『エセー』II・33、前掲書、四巻、二四一—二四六頁)。

(52) 「しかしカエサルの遺言が公表されて、ローマ市民の一人一人に相当な贈与が認められているとわかり、傷でひどくなった遺骸がフォルムを運ばれて行くのを見ると、民衆はもはや秩序も規律も守らずフォルムにあった腰掛や格子や机を遺骸の周りに積み上げ、それに火を点けて燃やし、燃え上がる炬火を取って下手人たちの家を焼こうと走り出し、他の人々も町の方々を探し回り、本人たちを捉まえて八裂きにしようとした」(プルタルコス『英雄伝』「カエサル」68、前掲書、九巻、一七九—一八〇頁)。

モンテーニュは、カエサルの暗殺者たちを「高潔」(généreux) と評している:「セネカには、当時の皇帝たちの暴政にいささか妥協しているように見えるところがある。というのは、彼がカエサルのあの高潔な殺害者たちの立場を非難したのは、たしかに強制された判断によるものだと思われるからである」(『エセー』Ⅱ・10、前掲書、二巻、三六六―三六七頁)。

(53) 「国家の後ろ楯を得ることになり」について *ALL.* は、護民官 (Tribun du peuple) が共和政ローマの公職のひとつであったことを意味すると推測している。なお、*GOY.* など一部の版は、この句 «et sous la faveur de l'état» を前文の一部とみなしている。この場合前文の訳は、「……それが民衆の護衛と保護のために――それも国家の後ろ楯のもとで――制定されていたからである」となる。

(54) この語 «le formulaire» は、*GOY.* のように、王令によって一般的に用いられる偽善的な表現や様式――ラ・ボエシの前任者であったロンガは、もちろんそれに通じていた――のことを指すと理解しておくのが妥当であろう。

S.M. は、これを特定の「文書」と理解し、「フォンテーヌブロー勅令」(一五五二年一月) の序文のことを指しているのではないかと推測している。注釈者は、その理由をおよそ以下のように説明する。「この文章は、公的利益 (人々の金と時間を節約すること) の名のもとに、六十一の中級裁判所と、ひとつにつき九人の司法官を擁する上級裁判所をいくつか新たに設立することによって、司法制度の抜本的な改革を目指そうとしていた。もちこまれる多数の訴訟に悩む高等法院の負担を軽減し、司法全体の機能を円滑化することを、その目的として掲げている。しかし、このような方策は、現場の裁判官にはきわめて評判が悪かった。勝訴へ

の謝礼が減少することを恐れたのと、下位の法廷で最終判断が下されるようになることが不満だったからである。ようするに彼らは、この改革を、五五〇もの役職を創設してこれを売ることで、国庫を潤わせるための策略であると理解し、憤慨したのだ」(p. 103, note additionnelle)。

ラ・ボエシはたしかに、『一月勅令に関する覚え書』(*Mémoire touchant l'édit de janvier 1562*)で売官制度への嫌悪を表明しているし、『自発的隷従論』でも、カエサルによる役職の創設を「圧政の新たな支え」になるとして批判している(GOY. p. 157)。だがそのうえで、上の説の正当性は疑わしいと言わざるをえない。本書解題(一三九—一四〇頁)でも述べるように、本作品の執筆時期の問題が解決していないのに加えて、本作品と時事的な事件との関連は希薄であると推測されるからである。

(55) アッシリア帝国とメディア帝国は、キュロス(＊32参照)の統治によるペルシア帝国に併合された。

(56) モンテーニュ:「奇蹟とか、幻覚とか、魔法とか、これに似た異常な事柄に対する信用は、もっぱら、俗衆の比較的やわらかな魂に働きかける想像力に由来するらしい。彼らはしっかりと信心を握られているから、見ないものをも見えるように錯覚するのである」(『エセー』I・21、前掲書、一巻、一八七頁)。

(57) シケリアのディオドロス『世界史』I・62:「エジプトの君主たちには、頭のまわりにライオン、雄牛、巨蛇それぞれの首を着けることが、慣わしとなっていて、これらの首は統治権を表わす印であった。また、時には樹木時には火というのは、時として王は頭上に良い匂いのする香をたくさんに置き、これを通して、自分を美しくよそおうと同時に、ほかの人びとの心を打ち震えさせ、神を畏れるような心持にさせたからである」(『ディオドロス 神代地誌』飯尾都人訳、龍渓書舎、一九九九年、八六頁)。

(58) Cf. プルタルコス『英雄伝』「ピュロス」3:「ピュロスの顔貌は王として威厳があるというよりもむしろ恐ろしい方で、その上顎には歯がたくさん列んでいる代りに一続きの骨があって浅い刻みで歯の仕切の筋がついていた。また、脾臓を病んでいる人があると、仰向けに臥かせ、白い雄鶏を犠牲に献げてから、ピュロスがその病人の脾臓を右の足でそっと踏むと癒すことができたと云われていた。この治療が求められないほど貧しい人身分の低い人はなかった。ピュロスは犠牲にした鶏を受け取ることにして、この報酬を非常に喜んでいた。また、その足の親指は不思議な力を持っていて、その死後遺骸の他の部分は燃えてからも親指だけは火の影響を受けずにいたと云われている」(前掲書、六巻、一〇頁)。

(59) Cf.『エセー』III・11:「私は今日、多くの奇蹟が生まれるのを見た。これは生まれるとすぐに窒息したけれども、もしも年頃まで生きていたとしたら、どんなふうに成長したか、おおよその見当はつく。〔……〕ところでこの奇蹟が生まれたときに最初にこれにかぶれた人々は、その話をひろめてゆくうちに人々の反駁に出会って、どこに説得の難点があるかを悟って、その箇所を何かの嘘でふさいでいく。その上、われわれは、「噂を育てようとする生来の欲望から」〔ティトゥス・リウィウス〕、人から借りたものに何かの利息とわれわれ自身のおまけをつけずに返すことに、何となく気がとがめる。最初は個人の誤謬が民衆の誤謬を作るが、次には、民衆の誤謬が個人の誤謬を作る」（前掲書、六巻、五二頁）。

(60) モンテーニュは、歴史家がそのようなうわさ話を記述するのを正しい態度であると考えている。その際に彼は、タキトゥスがまさに、次段落に登場するウェスパシアヌスの例を引いていることに言及している。Cf.『エセー』Ⅲ・8：「タキトゥスの著作が彼の性格について何かを語っているとすれば、それは彼が偉大で、剛直で、勇気があり、形式的な几帳面な徳ではなくて、哲学的で高邁な徳の持主であったということである。彼が証言においても大胆であったことは、たとえば、ある兵士が重い薪の荷を運んでいるのを描いて、「手は寒さに硬直して荷物に凍りついて、腕からちぎれて落ちても荷物にくっついたままだった」と述べていることからも窺えよう。私はこういう事柄においては、このような偉大な証言の権威に服することにしている。また、彼は、ウェスパシアヌスがセラピス神のお恵みによって、アレクサンドリアである盲の女に自分の唾を塗って直してやったことや、そのほかにも奇蹟をおこなったことをのべているが、そのときもあらゆるすぐれた歴史家の前例と義務に従っている。すぐれた歴史家は重大な事件を記録するが、その公の事件の中には民間の噂や意見なども入れるのである。彼らの役目は一般に信じられていることを記録することであって、整理することではない」（前掲書、五巻、二九八頁）。

(61) Cf. スエトニウス『ローマ皇帝伝』Ⅷ「ウェスパシアヌス」7：「ウェスパシアヌスには、威厳や、いわば王者らしい品位といったものが、まだ欠けていたのも当然であった。彼は元首を予想してもいなかったし、まだなったばかりでもあったのだから。それも次第に彼にそなわってきた。/視力を失った一人の庶民と、片足の不自由なもう一人とがそろって、法廷に着席していたウェスパシアヌスに近寄り、病気を治すのに手を貸してくれと嘆願した。「夢の中でセラピス大神にこう教えられたのです。もしウェスパシアヌスが唾をかけると目はもとどおり見えるようになる。もしウェスパシアヌスが踵で触れると足が丈夫となるだろう」と。/しかしウェスパシアヌスには、どうしても、成功するとは信じられなかったし、したがって試す勇気もなかったが、とうとう友人に激励され、大勢の前で公然と二人に治療を試みたところ、結果は上首尾であった。/同じ頃、属州アカイアのテゲアで、予言者の霊感に従って、ある神域から、古い時代の容器がいくつか発掘されたが、それらの器には、ウェスパシアヌスとそっくりの肖像が見つかったのである」(前掲書、下巻、二七六—二七七頁)。

S.M. によると、奇蹟を行う王について言及するこの一節は、腺病患者を治療したとされるアンリ二世への不信を暗示していると理解されるという。

(62) 原文は、«d'un cours effroyable/De chevaux cornepieds»。直訳すれば、「脚がとがった馬のおそるべき疾走によって」か。

(63) ウェルギリウス『アエネイス』VI・585—594行。ここでの原文は、ラテン語からのラ・ボエシによるフランス語訳。

(64) 蟇蛙(crapauds)は、クロヴィス王(*46参照)がキリスト教に改宗する前、彼の家具類に記されていた。彼が神から啓示を受けたのちに、紋章は百合の花(fleurs de lys)と王旗

(oriflamme)に代えられたとされる。聖瓶(ampoule)とは、聖レミギウスがクロヴィスの洗礼のときに注いだとされる香油が入っていた容器である。天から降りてきた鳩がくちばしにくわえて、それをもってきたという。これらのシンボルはすべて、ロンサールの『フランシアード』第四巻に認められる(Ronsard, *Œuvres complètes*, XVI: *La Franciade*, éd. De Paul Laumonier, Paris, Nizet, 1983, Livre IV, vv. 1143-1164)。

(65) ここでラ・ボエシは、古代の圧政者たちとフランス王の権威を区別し、後者だけを真正のものと認めているが、ここから時の君主政に対する彼の恭順の姿勢を読み取ることができるだろう。『自発的隷従論』は、現下の政権の打倒を叫ぶ革命扇動の書ではない(本書解題一三八―一三九頁参照)。

(66) 原語は«droit d'aînesse»。第一子に認められた、一家の財産の全体(あるいは大部分)を相続する権利のこと。ここでは、先に生まれたことによって自動的に享受する特権という含みがある。

(67) ラ・ボエシはここで、「韻律」を重視する者と詩人との区別を棄却しているが、この区別はアリストテレス『詩学』においてすでに見られ、デュ・ベレーやロンサールにも継承されている(S.M. 注より)。モンテーニュも次のように言う。「私はよい韻律がよい詩をつくると考える人々に賛成いたしません。詩人がしたいなら、短い綴りを長くするのは勝手です。そんなことは大したことではありません。詩人の創意が面白く、機知と判断が十分にその務めを果たしているならば、それで立派な詩人なのです。作詩法は下手でもかまいません」(『エセ

ー』Ⅰ・26、前掲書、一巻、三三二頁)。
(68) *43を参照。
(69) アルマンゴーらのように、この『自発的隷従論』がすべてラ・ボエシによって書かれたものではないという説を支持する人々が引き合いに出す一節である。というのも、『フランシアード』の出版(一五七二年)は、ラ・ボエシの死(一五六三年)よりも後のことだからだ。しかも、バイフやデュ・ベレーらのプレイアッド派の詩人たちの名声は、ラ・ボエシの若年時代にはまだ確立されていなかったとされている。
しかしながら、オリヴィエ・ド・マニーによると、ロンサールはその叙事詩の構想を一五五〇年ごろに立てていて、それを友人たちに語っていたという。それに、デュ・ベレーの初期の詩は一五四九年、バイフのそれは一五五二年の作である。したがって、ラ・ボエシがオルレアンの学生だったころ、すでにそれらの詩作品を知っていて、『自発的隷従論』の最初の執筆に加筆するかたちで、それについて報告したと考えてもよいだろう(GOY. 注より)。
(70) ウェルギリウス『アエネイス』Ⅷ・664行(«lapsa ancilia caelo»)。アエネアスの母であるウエヌスが火の神ウルカヌス(*17参照)に依頼して鋳造し、アエネアスに届けた楯の模様を描写する箇所の一部から引用されている。楯は天から地に投げおろされ、ローマの建国者とされるロムルスの後継者ヌマが見つけたのだという。ヌマはこの楯が盗まれないように、十一本の模造品を造った。
Cf. プルタルコス『英雄伝』「ヌマ」13:「ヌマが王位に即いてから八年目、疫病がイタリアを襲ってローマの町を混乱に陥れた。人々が銷沈しているところへ天から青銅の盾が降ってきてそれがヌマの手に入ったと伝えられている。これに因んで王がエーゲリヤ及びムーサエの女神たちから聞いたという驚くべき話が王の口から語られた。その武器は国家を救うために授けられたもので、これを守るには形も大きさもそれとよく似たものを他に十一造って、あまり似ているために盗人が天から降ったのを手に入れるのに困るようにしておかなければならなかった。その上ムーサエの女神たちにはその場所とその周りにある草原を献げてそこへ屢《しばしば》王と共に時を過ごしに来るようにしておかなければならなかった。その場所を潤している泉はウェスタの処女たちに献げ、その清い水を汲んで毎日神殿に振りかけて浄めるようにする。これが真実であった証拠には疫病が忽ち止んだと云っている。王はその盾を職人たちに示し、似たものを造るように競うことを命じたところ、他のものは辞退したのに腕利きの職人の一人ウェトゥリウス・マームリウスは真に迫ってすべてを同じように拵えたので、ヌマ自身にも見分けがつかない程であった。これらの盾の番をして手入れをするためにサリウスという祭司を任命したのである」(前掲書、一巻、一六五一一六六頁)。

(71) 紀元前十六世紀アテナイの伝説上の王エリクトニオス(半人半蛇であった)は、蛇の半身を隠しておくために戦車を発明したとされている。アテナ(ミネルヴァ)は、エリクトニオスを籠に閉じこめた後、アグラウロスとその姉妹たちにその籠の保護を託した。彼女らは籠のなかを見ることを禁じられていたが、その約束を破り、好奇心を罰せられる。「エリクトニオスの籠」の伝説は、オウィディウスや『怒れるロラン』(Ⅲ・v・27)を通じて、十六世紀においてよく知られていた。

Cf. オウィディウス『変身物語』II・552―561行：「もうひとむかし前の話ですが、母親なしで生まれたエリクトニオスを、ミネルウァ女神が哀れにおもい、アッティカ産の柳で編んだかごにいれ、半身は蛇だったというケクロプス王の、三人の娘たちに保管させて、中に隠してあるものを見てはならないといいつけておいたのです。わたし〔おしゃべりな小鳥〕は、茂った楡の木の軽やかな葉の陰に隠れて、彼女たちの行動を見張っていました。パンドロソスとヘルセというふたりは、あずかった品を正直に守っていましたが、残ったひとりのアグラウロスは、姉妹たちを臆病者と呼んで、かごの結び目を手で解きます。と、なかには、ひとりの赤ん坊と、そのかたわらに身を長くしている蛇とが、見られたのです」（中村善也訳、岩波文庫、上巻、七八頁）。パウサニアス『ギリシア案内記』I・18・2（馬場恵二訳、岩波文庫、上巻、八四頁）をも参照。

(72) アテナ（ミネルヴァ）と海神ポセイドン（ネプトゥーヌス）がアテナイの領有を争ったおり、海神が三叉の矛を一撃してアクロポリス上に馬（一説では塩水の泉）を出現させたのに対して、アテナはオリーヴの木を生じさせた。これを見た神々は後者の方が住民に有益な贈物と判定し、アテナに軍配をあげたので、以後この町は彼女の庇護下におかれたと伝えられる（以上S.M. 注より）。

Cf. オウィディウス『変身物語』VI・70―82行：「ミネルウァ女神は、アテナイのアクロポリスの「軍神《マルス》の丘」と、誰にちなんでこの地を命名するかというあの古い争いを、描き出している。十二柱の神々が、ユピテルを中央に、威風あたりを払って高御座にすわっている。それぞれの神々には、固有の姿が与えられている。ユピテルには、王者の威容がある。海神ネプトゥーヌスは、すっくと立って、長い三叉鉾で荒岩を打っている。岩の裂け目の真ん中から海水がほとばしっているが、海神は、これをおのれの力の証として、この都をわがものにしようというのだ。そこに描かれているミネルウァ自身は、盾と、穂先鋭い槍を持っている。頭には兜をいただき、胸は神盾《アイギス》で守られている。槍で大地を打つと、そこから、実をつけた薄あおいオリーブの若木が生え出て、諸神たちも驚きを禁じえない――そういう図柄だ。仕事の最後は、ミネルウァをたたえている「勝利の女神」ということになる」（前掲書、上巻、二二四頁）。アポロドーロス『ギリシア神話』第三巻、XIV・1、高津春繁訳、岩波文庫、一六〇―一六一頁をも参照。

(73) Cf.『エセー』I・24：「歴史の中にはたくさんの人がこの恐怖〔暗殺の恐怖〕にとらえられたことが見られる。その大部分は自分に企てられた陰謀に対して、自分から打って出て、復讐と処刑をもって報いる方法をとった。しかし私の見るところでは、この方法でうまくいった人はほとんどない。あれほど多くのローマの皇帝たちがそのよい例である。この危険にさらされていると気づいた者は、自分の力や警戒に多くを期待してはならない。というのは、もっとも親切な友達面をした敵から身を守ることがどれほどむずかしいか、自分に仕える者どもの意図や心中を知るのがどれほどむずかしいかは、はかり知れないからである。誰でも自分を雇って護衛をさせたり、武装した人垣に囲まれたりしても、何にもならない。外国人の命を惜しがらない者は常に他人の命を自由にできるからである。それに、君主にあらゆる人を疑わせるこの絶え間のない猜疑心は、君主にとって非常な苦痛となるにちがいない」(前掲書、一巻、二四二―二四三頁)。

(74) Cf. ホメロス『イリアス』Ⅷ、松平千秋訳、岩波文庫、上巻、二三五―二三六頁。

(75) Cf. スエトニウス『ローマ皇帝伝』Ⅰ「カエサル」41:「カエサルは元老院の定数を補充し、貴族を選び加入させた。法務官、造営官、財務官の定員を、そして下級の政務官の定員も増やした。監察官の職権で地位を剝奪されていた人、あるいは審判人の判決で選挙の不正行為を断罪されていた人を復籍させる」(前掲書、上巻、四八―四九頁)。

(76) つまり、身体の具合が悪いときに、さらに別の病気に冒された場合、ふたつは結合してしまう、という意味であろう。

(77)「小悪党ども」の原語は «essorillés»。「耳を切られた者」の意。窃盗罪に対して耳切りの刑が適用される場合があった。

(78) 小アジア南東部の地中海沿岸を占める古代の地域名。

(79)「同じ木でできた楔を用いる」(faire coin de même bois) とは、あるものを動かすのに、その同じものの一部を利用するさま、または、ある人物の意に反した行動を取る際に、その人物を利用するさま (E. Littré, *Dictionnaire de la langue française*, Paris, Hachette, 1869, art. «coin»)。

(80) Cf. スエトニウス『ローマ皇帝伝』Ⅵ「ネロ」7、35、37、52。タキトゥス『年代記』Ⅻ・8、ⅩⅢ・2、49、ⅩⅣ・12、48、49、51―56、ⅩⅤ・20―23、60―65、ⅩⅥ・21―35。

(81) ポッパエアは、ネロの愛人で、のちに妻となる。六五年に彼に殺される。Cf. スエトニウス『ローマ皇帝伝』Ⅵ・35：「ネロはオクタウィアを離婚したあと十二日目に、ポッパエアを妻に迎え、こよなく愛した。／しかし彼女をもネロは踵で蹴り殺した。身重で寝台にねていたポッパエアが、ネロを戦車競争からの帰りが遅いと言って、大声でわめきなじったからである」（前掲書、下巻、一七三―一七四頁）。タキトゥス『年代記』XIII・45―46、XIV・1、63―65、XV・23、XVI・6も参照。

(82) Cf. スエトニウス『ローマ皇帝伝』Ⅵ・34：「ネロは母の威脅や激しい気性にけおされて、ついに無きものにしようと決心した。三度ほど毒殺を試みたが、解毒剤を飲んで身を守っていることに気づき、夜寝ている母の上に、寝室の羽目板天井が機械仕掛けでたるみ、落下するように工作した。この計画は共犯者を通じて洩れてしまったので、解体しやすい船を造り、それを沈めるか、船室の丸天井を壊すかして、母を破滅させようとした。／ネロは仲直りをよそおい、母を有頂天にさせるような手紙を書き、一緒にミネルウァ祭を祝うためにバイアエに彼女を招待した。三段櫂船の船長らは、母を乗せて到着していた快速艇を偶然に衝突したかのように、叩き壊す任務を与えられていた。／〔……〕しかしすべてが裏目にでて、母は泳いで難を逃れたと聞くや、窮余の一策を案じ、解放奴隷ルキウス・アゲルムスが彼女の無事救出を喜んで報告にきたとき、短剣を彼の側にこっそりと投げ、彼が刺客として差し向けられたと言って逮捕し鎖で縛るように命じた。そして母も殺させてから、まるで罪を見破られた母がわれとわが身に死を課し、処罰を逃れたかのように、言いつくろった」（前掲書、下巻、一七一―一七二頁)。タキトゥス『年代記』Ⅳ・75、Ⅻ・1―7、22、25、26、41、42、66―69、XIII・12、13、18―21、XIV・1―10も参照。

(83) メッサリナは、クラウディウスの妻でありながら、情夫シリウスと結婚する。放蕩の末に自殺を図るが失敗し、やがて処刑される(Cf.タキトゥス『年代記』XI・26―38)。

モンテーニュは、メッサリナについて次のように書いている:「メッサリナの行為についてこう解釈する以上に、どのような解釈があるだろうか。彼女は初めのうちは、よくあるように、夫に隠れて不貞を働いた。だが、夫が間抜けなために、恋の遊びをあまりにもやすやすと運ぶことができるので、これまでのやり方が急につまらなくなった。そこで公然と恋をし、恋人たちのいることを認め、皆の見ている前で彼らをもてなし、ちやほやした。彼女は夫が感づいてくれればいいと願ったが、夫のばかはこんなにされても目が覚めなかった。そして、まるで彼女の不貞を許し、認めているかのように、あまりにも、鷹揚だったので、彼女の快楽は、だらけて味のないものになった。そこでどうしたかというと、まだ健康でぴんぴんしている皇帝の妃でありながら、世界の舞台であるローマで、白昼、堂々と盛大な式典をあげて、久しい前からむつみ合っていたシリウスと、夫の皇帝が市外に出て留守のときに結婚したのである。彼女は、夫の無関心を通じて純潔になる道に向かったのではないだろうか。あるいは、嫉妬で自分の欲望を刺激してくれるような、そして逆らうことによって、自分をあおり立ててくれるような別の夫を求めたのではないだろうか」(『エセー』Ⅲ・5、前掲書、五巻、一五六―一五七頁)。

(84) カリグラ（後一二―四一）のこと。老皇帝ティベリウス（＊34参照）の若き後継者として、カリグラはローマ市民の圧倒的な支持をもって皇帝に就任した。のち、そのふるまいは残酷と奇矯さを極める。

(85) Cf. スエトニウス『ローマ皇帝伝』Ⅳ「カリグラ」33：「〔カリグラは〕妻や女友達の首に接吻しながら、そのつどこう言い添えた。「こんなに美しい首も、私の命令一つですぐに飛んでしまうのだ」」（前掲書、下巻、四七頁）。

(86) Cf. スエトニウス『ローマ皇帝伝』Ⅷ「ドミティアヌス」17：「共謀者らがいつ、どのようなやり方で、つまり、浴場で体を洗っているときか、それとも夕食の席にいるとき襲うべきかと、ためらっていたとき、ドミティラの執事ステパヌスが、たまたまその時、横領罪に問われていたのだが、計略を告げ、その実行を自ら買って出た。ステパヌスは周囲の疑念を逸らすため、左腕に怪我でもしたかのごとく、何日間も毛織りの繃帯をまいていた。そして直前になって繃帯の中に合口を差しこむ。ステパヌスは陰謀事件の証拠を明かし、そのために招じ入れられ密告状を手渡す。これを読み茫然自失となったドミティアヌスの鼠蹊部を深く突き刺す。傷を負って抵抗をしていたとき、護衛隊副隊長クロディアヌスとパルテニウスの解放奴隷マクシムスと寝室係長サトゥルと、剣闘士養成所の一人の剣闘士が襲いかかり、七箇所に深手を負わせて息の根を絶つ」（前掲書、下巻、三三二頁）。

(87) Cf. キケロ『友情について』14：「善き人にとっては、善き人同士の間の好意はいわば必然であって、それこそ自然が定めた友情の源泉なのである」（キケロー『友情について』中務哲郎訳、岩波文庫、四八頁)。これは、本対話篇の主題をなす考えである。同18(前掲書、五八―五九頁)も参照。

(88) モンテーニュは、ラ・ボエシとの友情について次のように語っている。「このわれわれの気高い交際においては、他の友情をはぐくむ奉仕とか恩恵とかは考慮にさえ値しない。われわれ二人の意志が完全に融合しているからである、なぜなら、ストア派が何と言おうと、私が困っている自分に助力を与えたからと言って、私が私に対していだいている友情が少しでも増加するわけではないし、私が私自身に尽くしたことに少しでも感謝するわけではない。それとまったく同じように、こういう友人同士の結合は真に完全であるから、そのような義務感を消滅させ、二人の間に恩恵とか、恩義とか、謝恩とか、懇請とか、感謝とか、またそれに類するような分離と差別を表わす言葉を嫌悪させ、追放させる。本当に二人の間には意志、思想、判断、財産、妻、子供、名誉、生命等、すべてが共通であるから、また、二人の和合は、アリストテレスのきわめて適切な定義にしたがえば、「身は二つ、心は一つ」にほかならないのだから、何かを貸し合うことも、与え合うこともありえない」(『エセー』I・28、前掲書、一巻、三六八頁)。

(89) モンテーニュは、ヒエロンの次のことばを記している。「家来たちが私の感情を害さないからといって、それはいかなる愛情のしるしでもない。どうして愛情などと受け取れよう。なぜなら、彼らは私の感情を害しようと思ってもできないからだ。家来の誰も、私に対する友情から私に従っているのではない。あんなに交情も共感もないところに友情が結ばれるはずがないからだ。私の高い地位が私を人間との交わりからほうり出してしまったのだ。そこにはあまりにも大きな相違と不釣合いがあるからだ」（『エセー』I・42、前掲書、二巻、一〇〇頁）。

(90) 悪人同士の間に友愛を認めない姿勢は、キケロと共通である。次を参照。キケロ『友情について』22：「あらゆる放恣な欲望も罪も、友情の中ではしたい放題許されると考える者があれば、その誤りは致命的である。友情は、悪事の道連れではなく徳の協力者として自然から授けられたもの」（前掲書、六八頁）。

一方、アリストテレスは、友愛（フィリア）を、①「有用なもの」を動機とするもの、②「快適なもの」を動機とするもの、③「善きもの」を動機とするものの三つに区別した上で、①②を友愛の非本来的なかたち、③をその究極的なかたちとみなしている。なぜなら、①②は相手が有用であり快適であるかぎりにおいて成り立つのに対して、③においては、互いが互いの「ひととなり（エートス）」のゆえに愛するからだ（『ニコマコス倫理学』Ⅷ・1―3、高田三郎訳、岩波文庫、下巻、六五―七四頁）。アリストテレスはまた、③を「善きひとびと、つまり卓越性において類似したひとびとのあいだにおける愛」であると位置づける一方で、①②について次のように述べる。「かくして、快楽のためとか有用のためとかならば、あしきひとびと同士であっても、或いはよきひとびとと対あしきひとびとであっても、或いはそのいずれでもないひとと対任意のふうのひとであっても友たりうるのであるが、お互いの人間自身のゆえに友でありうるのは、明らかに、善きひとびとのみにかぎられる。事実、悪しきひとびとは、何らかの利益が得られるというのならばともかく、お互いの人間自身に悦びを感ずることはないのだからである」（前掲書、Ⅷ・4、七六頁）。

(91) アイソポス『寓話』142「老いたライオンと狐」（『イソップ寓話集』中務哲郎訳、岩波文庫、一一九―一二〇頁）。のちにラ・フォンテーヌが、この寓話から想を得た作品を書く（『寓話』Ⅵ・14）。

(92) プロメテウスは、ギリシア神話の神。その名は「先見の明の持主」を意味する。人類に火を伝える。一説では、人間を創造したのもプロメテウスとされる。天文、数、文字などのさまざまな技術を人間に教えた。

(93) Cf. プルタルコス『モラリア』「いかに敵から利益を得るか」2：「サテュロスがはじめて火を見たときに、キスをして抱きしめようとしましたが、プロメテウスは言いました、／おい雄山羊、おまえはあご髭を失って嘆き悲しむことだろう。／たしかに火は触れたものを燃やしますが、しかし、光と熱をもたらし、使用方法を学んだ者にはあらゆる技術の道具となります。それゆえ、たとえ敵が他の点では有害で御しがたいとしても、何らかの点で、敵が自分自身を掌握させる手だてをあなたに与えていないか、他にはない有用性を与えていないか、有益ではないか、と敵のことを考察すべきなのです」（『モラリア』二巻、瀬口昌久訳、京都大学学術出版会、二〇〇一年、六頁）。なお、アイソポス『寓話』467「サテュロスと火」は、プルタルコスのこの一節に取材している（前掲書、三五四―三五五頁）。

(94) フランチェスコ・ペトラルカ（一三〇四―一三七四）のこと。出典を、池田廉氏の訳（『ペ

トラルカ　カンツォニエーレ――俗事詩片』名古屋大学出版会、一九九二年、二二頁、「十九　ソネット」）で示す（原文では四行ごとに一行空白あり）。

世界の生きものには　眼光炯《するど》く
太陽さえも恐れぬものあれば、
眩い光の　被害を恐れて
夕やみに出かけるもあり。

悪戯んと思ってか、愚かな願いの
赴くがまま　閃《きら》めく炎に飛び入って
威力まざまざ知らされて　身を灼くもあり、
悲しや　わが在り処《か》は最後の群のなか。

我慢しきれずわたくしめは　かのひとの
耀きを待ちきれず　そのくせ暗き処
遅い時刻《とき》にも隠れもできず。

宿命《さだめ》のままに　女《おみな》に一目逢おうと
弱々しく涙目《いやめ》して後を追う、
かの女《ひと》が　この身を灼くと知りつつも。

(95) Cf. キケロ『友情について』15:「神々と人間の信義にかけて、誰も愛さず誰からも愛されない代わりに、あらゆる財貨に囲まれ、何もかも満ち溢れる中で生きたい、と思うような者がいるだろうか。これはまさに暴君の生活、そこには信義も、親愛の情も、好意へのゆるぎない信頼もありえない。全てが疑いの種、心配の種で、友情の入る余地はない。／一体、自分が恐れている人を、あるいは自分を恐れているかも知れない人を、愛する者があろうか。暴君だって少なくとも見せかけの崇拝を一時受けることはあるが、よくあることだが、ふと没落したりすると、いかに友人に恵まれていなかったかが了解されるのだ」（前掲書、四九―五〇頁）。

(96) 「民衆」peuples と「国民」nations について、訳注（11）を参照。

(97) 「民衆を食いものにする連中」（«mange-peuples»）は、ホメロス『イリアス』のなかで、何人かの王を形容するために用いられている（δημοβόροι）。

(98) *GOY.* は、一者政治を強く批判する文書として、圧政者とその追従者に対する神罰を期待するこの結論は、本論に比べて頼りない心地がすると述べ、ラ・ボエシがあえて慎重な結論を選んだか、他人が加筆したかのいずれかであろうと推測しているが、訳者の見解とは異なる（本書解題一五三―一五四頁参照）。

S.M. は、この結論と、ラ・ボエシが翻訳したクセノポンの『家政論』の末尾とを対照させている。クセノポンによれば、農業において、管理人、監督者、支配者たるためには、持って生まれた才能と教育とを要するだけではなく、その上に最高の徳がなければ与えられない神の恩恵が必要である。結論部を引用する。「かかる幸福〔労働者を自発的に働かせるようにするような支配者の徳のこと〕は真に賢慮を具有する者たちにのみ与えられていることは明らかであ

る。これと反対に、反抗者を専制的に支配するという運命は、タンタロスが二度死にはせずやということを恐れながら永久に黄泉で生きていると言われているように生活することがまさに相応わしいと神々が考えた人に、神々が与えられるように私には思われます」（クセノポーン『家政論』田中秀央・山岡亮一訳、生活社、一九四四年、一四六頁。現代仮名遣いに直して引用）。なお、ラ・ボエシは「神々」を単数形にして訳している（La Boétie, *Œuvres complètes*, éd., Louis Desgraves, William Blake and co., 1991, tome I, p. 218）。

訳者解題

エティエンヌ・ド・ラ・ボエシ（Etienne de La Boétie）は、なによりもモンテーニュの無二の友人として知られている。彼らはボルドー高等法院の同僚として刎頸《ふんけい》の交わりをもったが、ほどなくしてラ・ボエシが死んだ。三十二歳の若さであった。モンテーニュは『エセー』に、「もしもこの生涯の全部を〔……〕あの人との甘美な交際を楽しむために与えられた四年間にくらべるならば、それははかない煙にすぎず、暗く退屈な夜にすぎない」と記している(1)。

しかし、ラ・ボエシはたんに偉大な作家の友であったにとどまらず、『自発的隷従論』（*Discours de la servitude volontaire*）（別題『反一者論』(2)）で知られるすぐれた政治理論家でもあった。国家における一者支配の弊害を説き、自由を人間の本性と認めるこの若年の論文は、モンテーニュがつとに抱いた危惧が現実のものとなり、長らく誤読ないしは曲解にさらされてきた。著者の意図とは別に、時事的かつ実践的な革命扇動の書とみなされたのである。だが、今日、すぐれた注解と解説をそなえた校訂版がいくつも刊行されるにおよび、彼の死後四世紀以上の時間を経て、本論が啓蒙主義時代の社会契約説に通じる先駆的理論を提示した政治哲学の古典であるとの評価が確立されつつある。『自発的隷従論』は、圧政者打倒を叫ぶ政治的な書物であるよりは、人間が自然に背いて一者に服従する逆説を問う哲学的著作である。それだけにいっそう、その問いかけは時間と空間を超えた、普遍的な効力をもっていると言えるだろう。著者の人文学的教養と修辞的韜晦《とうかい》に満ちた本論は、掌篇であるにもかかわらず容易な理解をゆるさないが、彼の発した警告は、まさにこの二十一世紀の現代において、いっそうの切実さをもって響いている。

この「解題」では、まずはラ・ボエシの生涯を簡単にたどる。次に『自発的隷従論』に関する現代までの解釈の歴史を概観し、本論の思想史的位置を確認しよう。そして最後に、本論の中心的な主張を紹介し、その独自性を考察しておこう(3)。

1 ラ・ボエシの生涯(一五三〇―六三年)

エティエンヌ・ド・ラ・ボエシは、一五三〇年十一月一日、フランス南西部のペリゴール地方にある小都サルラの裕福な家庭で生まれた。ペリゴール大法官特設代理職にあった父と、ギュイエンヌ地方の法官の娘である母を、ともに幼時に失った彼は、聖職者である伯父のもとで、法学、神学、ギリシア・ローマの古典文芸について学ぶ。一方、サルラ司教の碩学《せきがく》ニコロ・ガッディ枢機卿は、イタリアのユマニスムの影響を受け、みずからの司教区を「ペリゴールのアテネ」とすべく、芸術と哲学の普及を推進した。このような知的風土のなかで成長したエティエンヌは、早くからオルレアン大学法学部に進学し、この名門でもっとも優秀な学生のひとりとなる。法学の勉強のかたわら、哲学、歴史、文献学、詩作に親しみ、一五五三年九月に法学士号を取得。このときすでに『自発的隷従論』は完成していたと考えられている。

国王アンリ二世によって、規定の年齢に達する前に高等法院評定官の職を購入することを許可され、(4)一五五四年五月にボルドー高等法院（正式にはギュイエンヌ高等法院）に評定官として着任する。ここでラ・ボエシは、のち一五五七年に同僚となるモンテーニュと友情を結んだ。ほどなく彼らは、宗教改革がつとに広まったアキテーヌ地方南部を揺るがす宗教的悲劇にまきこまれることになる。(5)

王権への忠誠とカトリックの正統を奉じるボルドー高等法院は、改革派の首領と扇動者を数名処刑したのち、一五六〇年、ユグノーに集会を禁じる王令を発布し、厳しい弾圧を行うようになる。同年十二月、シャルル九世が十四歳で王位に就いた直後、ラ・ボエシは、評定官への俸給の不払いと遅配の問題について宮廷と折衝を行うためパリに派遣されるが、これは、ますます激化する地元での宗教争乱の解決について指示を仰ぐためでもあった。このときに訪問した相手が、王母カトリーヌ・ド・メディシスの助言者、大法官ミシェル・ド・ロピタルである。ユグノーの暴動とカトリックの不寛容をともに退ける必要を説くロピタルの態度に、ラ・ボエシは深く共感し、ギーズ一門の戦闘的カトリシズムに親和的だったボルドー高等法院に対して、寛容政策の実現を勧告する任務を果たした。

こうして一五六一年九月にアジュネ地方で宗教暴動が発生すると、ラ・ボエシは王の代理官ビュリに同行し、暴徒に対して調停案を提示する。(6) しかしラ・ボエシは、こうした寛容策が挫折しつつあることをすぐに悟る。南仏ではカルヴァン派の新教徒がカトリック教徒を迫害し続けており、一五六一年十月に彼らはモンペリエの大聖堂を略奪、十人あまりを殺害して閉鎖する。カトリック側はこれに反発してユグノーへの攻撃を激化する。このような争乱が広範囲に拡大していくのである。

一五六二年一月、摂政カトリーヌは、ロピタルの宥和政策の一環として、(7) ユグノーに私邸での礼拝を認める一月勅令(オルレアンの王令)に署名する。ラ・ボエシはこれに対し、意見書『一月勅令に関する覚え書』(8) を提出する。彼はそこで、国内に二つの宗教を容認することの危険性を説き、あくまでもカトリシズムを国教とすべきことを主張するが、(9) 同時に、旧教を新教徒の意見に基づいて改革する必要性も強調している。これはいわば、画餅に終わりかねないロピタルの寛容政策の理念を、具体的な政策(10) によって実現可能なものとするための建言の書であった。(11) ここにおいて、ラ・ボエシの王権に対する忠誠心、君主制を支持する姿勢は疑いえない。

なおも凄惨な事件が続く。ヴァシーの虐殺[12]（一五六二年三月）以後、ギュイエンヌ地方内でも争乱は激化した。ボルドーの司法官数名は、高等法院長の宥和政策に反発するが、ラ・ボエシはモンテーニュとともに、法院長への支持を表明する。一五六二年十二月、彼はボルドーに向けて進軍するユグノーの部隊を制止するための軍事的任務に、ボルドー高等法院の同僚十一名とともに参加する。彼はあくまでも宮廷の寛容政策に従い続けたのである。

一五六三年八月、ラ・ボエシは突然病に倒れる。原因は赤痢か、当時アジュネ地方で猛威をふるっていたペストであったと考えられる。メドック地方の妻の別荘に向かう途中に症状が悪化し、ボルドー近郊にある評定官リシャール・ド・レストナック（モンテーニュの義弟）の家にとどまる。臨終の床で彼は、モンテーニュの弟で宗教改革に熱心であったトマ・ド・ボールギャール（のち、ラ・ボエシの義理の娘——妻と先夫との娘——ジャケット・ダルサックと結婚する）に、改革の志を捨て去る必要はないが、旧教徒とも協調する努力をあくまでも怠らないように諌めたと伝えられる[13]。八月十八日、モンテーニュに看取られながら、彼は三十三年足らずの短い生涯を終える。

このように終生王国の体制と宗教の擁護者たらんと努めた司法官と、君主制に内在する矛盾を告発し、自由を人間の本性と認める問題作『自発的隷従論』の著者とは、いかなる点で重なりあうのか。このことを理解するために、本論が執筆されるに至った契機と、本論の解釈の歴史を概観しておこう。

2 『自発的隷従論』解釈の歴史

モンテーニュによると、『自発的隷従論』は、ラ・ボエシが十六歳（一五四六年）か十八歳（一五四八年）のときに書かれた論文である。(14) モンテーニュは著者から直接原稿を受け取り、その死後も、彼の他の著作と一緒に公開するために保管していたが、実際に刊行したラ・ボエシ著作集（一五七〇年）にも、自著『エセー』（第一版は一五八〇年刊）にも、本論文を収めなかった。モンテーニュによれば、これは当時のフランスを支配していた不穏な政治的状況を考慮したためだという。彼は、国家の紊乱《ぶんらん》を図る勢力によって著者の意図とは別のかたちで利用されることを恐れたのであった。(15)

実際このころ、『自発的隷従論』にはすでに多くの読者がいた。モンテーニュの所持していた原稿(16)には、少なくとも二つの写本（アンリ・ド・メーム所蔵のものと、クロード・デュピュイ所蔵のもの）(17)があり、これらがなんらかのかたちで閲読されていたと考えられる。こうして、一五七四年出版の、『フランス人とその隣人たちの目覚ましの鐘』という対話形式の小冊子(18)のなかに、『自発的隷従論』にいくぶんかの変更を加えた文章が収められた。サン＝バルテルミ虐殺（一五七二年）をはじめとする悲惨な事件によってもたらされたフランスの荒廃を嘆き、フランス王とその母に対する激しい中傷を浴びせかける作品である。同様に、一五七六年、ラ・ボエシの文章をさらに長く引用した『シャルル九世治世下のフランスの覚え書』が、プロテスタントの牧師シモン・グラールによって出版される。[19] いずれもラ・ボエシの名こそ出さなかったが、彼を政治的反乱の扇動者として担ぎ上げようとする意図は明白である。

ルイ十四世の絶対王政が確立する十七世紀において、本論文はあまり重視されなかった。それがふたたび脚光を浴びるのは、革命期においてである。本論文は一七二七年、ピエール・コスト編のモンテーニュ『エセー』の付録として初めて公刊される。十八世紀末、いくつか本論文との関連が見られる書が刊行された後、一七九二年、山岳派の指導者のひとりマラーが、ロンドンで出版した英語版[20]に続いて、パリで『隷属の鎖』を刊行する。ここには、『自発的隷従論』からの剽窃《ひょうせつ》といってもよい箇所が散見される。ただし、ラ・ボエシが「民衆」(peuple)という語に「市民」(citoyen)のもつ法的な尊厳を認めていないのに対し、マラーは、ルソーの社会契約説に影響を受け、「民衆」を国家の主権者と認める。マラーは、暴動や反乱の権利を民衆に認め、国家の枢要をなす民衆の自由を擁護すべきことを主張した。しかし『自発的隷従論』には、革命を扇動するような記述はない。

十九世紀になっても、本論を時局と結びつけた解釈が支配的であり続ける。一八三五年、F・ド・ラムネがはじめて本論を独立した著作として発刊する。[21] その序文は、ラ・ボエシを同時代の政治的状況に積極的に関わった革命支持者であるとみなす「戦闘的」解釈を提示している。これ以後、今日にいたるまで『自発的隷従論』は数多くの編者、注釈者を得てきた[22]が、その多くが著者を反体制運動の扇動者として祭り上げた。こうして本論は、絶対的権力への抵抗を呼びかける政治的マニフェストとしての象徴的価値をもち続けてきた。

しかし、『自発的隷従論』が個別の歴史的事象を告発する時事的な論文であると解釈し、いわんやそこに革命理論の先駆けを見いだすのには無理がある。ラ・ボエシと同時代の歴史家ド・トゥーは、一五四八年の塩税一揆[23]の結果生じた民衆の犠牲が本論執筆の直接のきっかけとなったと主張した[24]。この事件が発生したときラ・ボエシは十八歳であり、上述のモンテーニュが伝える執筆時期からすれば、これが『自発的隷従論』が書かれる前だったのか後だったのかを判断するのは困難である。ただ、本論がのちに加筆・訂正されたという説[25]が有力であることを考えれば、たしかにラ・ボエシが本論執筆の段階でこの事件のことを知っていた可能性は高い。迫害される民衆への同情が作品に反映されていると見ることも、誤っていると断言することはできない。しかし、その上で、作中にまったく言及のない地方の一出来事が、そこで扱われる普遍的かつ哲学的な問題におよぼした影響を過大視するのは適当ではないと思われる。

ド・トゥーはまた、作中の表現が同時代の実在の人物のことを示唆しているとみなし、この態度は二十世紀の論者アルマンゴーにまでかたちを変えて受け継がれてきた。だが、このような解釈も、これまでくり返し説得的なかたちで批判されている。[26] P・ボヌフォンが言うように、「ラ・ボエシは、個別の事例への適用の対象となりうるものをあえて論述から遠ざけるように配慮している」[27]と考えるのが妥当であろう。

『自発的隷従論』が特定の時局とは独立した著作であることは、ラ・ボエシと同時代のユマニスムとの関連を考えても理解できる。ユマニストたちによる文芸の復興は、政治の分野でのさまざまな文書の出版をともなっていた。ルフェーヴル・デタープルはアリストテレス『政治学』を翻訳したし、マキャヴェリ『君主論』（一五一四年頃執筆、一五三二年刊）、エラスムス『キリスト者の君主の教育』（一五一六年）、トマス・モア『ユートピア』（一五一六年）が刊行された。ヨーロッパに近代国家が誕生するときに、政治に対する反省も喚起されたのである。一方、一五七二年、サン＝バルテルミの虐殺により、ユグノーの王権への反発が勢いを増すことで、政治的パンフレットや中傷文が次々に発刊される。「モナルコマキ」(monarchomaques) とのちに呼ばれるプロテスタントのジャーナリストたちが、王権に反発する出版活動を行った。[28] このような動きは、フランス国内にとどまらず、広くヨーロッパで一般的であった。『自発的隷従論』がプロテスタントの政治的主張に利用されたのは、このような状況においてである。

同時期、大学にユマニスムが浸透し、新思想、新科学が擡頭《たいとう》する。古代の作品の新たな精神による読解が行われるようになり、権威・権力への批判精神が培われる。ラ・ボエシはこのような思想風土のなかでオルレアン大学に学んだ。彼はこうして、古代の思想や文芸を新たな思想形成のために用いる心構えを得たと言える。たしかに、キケロ、アリストテレス、プラトンの影響を背景に、さまざまな古典的著作からの引用を重ねる彼の手法は、当時の大学においてむしろありふれたものだったという批評は可能である。(29) しかしこのような文献から、彼が暴君に対する嫌悪を抱いたのもたしかなことであろう。『自発的隷従論』は、新たな精神の光のもとに、独裁的権力への批判を試みた書である。

ラ・ボエシ自身がオデュッセウスについて語った(30)のとは反対に、彼は「時勢」によりも「真実」にそのことばを適応させた。『自発的隷従論』は、特定の政治的状況に対する反逆の書であるよりはむしろ、教義的・理論的な反省の書なのである。本論の意義は、彼の時代を超えて、現代にまで到達している。

3 『自発的隷従論』の内容について

『自発的隷従論』は、ひとことで言えば、多数の民衆が、人間の本性の一部である自由を放棄してまで、たったひとりの暴虐な圧政者に進んで隷従するという理解しがたい逆説の理由を考察する論考である。冒頭、著者は明確に問題を提起している。「ここで私は、これほど多くの人、村、町、そして国が、しばしばただひとりの圧政者を耐え忍ぶなどということがありうるのはどのようなわけか、ということを理解したいだけである」(一二頁)。もっとも、ラ・ボエシは、探求に際して、近現代の歴史学や社会科学が依拠するような、客観的・実証的な方法を適用するわけではない。古今の著述から得られた具体例——なかには虚実不明のものも含まれる——に基づいて、かなり直観的、断定的にいくつかの命題を提示するのみである。修辞的な技法(擬人法、誇張法、修辞疑問文、対句法、頓呼法《とんこ》)、同趣旨の文章の反復、本旨からの逸脱が頻繁に認められ、論文というよりも、演説の文体に近いという印象を受ける。実のところ、本論の主眼は、提起された問題の解決よりもむしろ、人間に本質的にそなわる(と著者が想定する)「自由」の回復の必要性を説くことにあるように思われる。

典拠は、プラトン、アリストテレス、キケロの哲学書、ホメロス、ウェルギリウスらの叙事詩、プルタルコス、スエトニウスの伝記的著作、クセノポン、タキトゥス、シケリアのディオドロスらの歴史書、テレンティウス、ルキアノスらの戯曲・散文作品、さらにはアイソポスの寓話といった古典古代の作品群が中心であるが、アウグスティヌス、トマス・アクィナス、ペトラルカ、エラスムス、ロンサール、バイフ、デュ・ベレーなど、中世からラ・ボエシと同時代に至る神学者・作家・詩人による作品を参照した跡も見られる(多くの場合、著書名も作品名も明示されない)。これら多種多様な作品群に基づいて著者が挙げる歴史上・神話上のエピソードのひとつひとつが、たんなる論拠の役割を超えて、作品に独特の興趣を添えている。結果として、重厚な問題を扱うこの論考の随所から、心地よいアイロニーや、抑制のきいたユーモアが感じられるようになっている。『自発的隷従論』はこうして、あくまでも読者を楽しませることを通じて、人間の集団的心理の倒錯に目を向けさせるのである。本論が哲学や政治学の文脈から独立した一種の文芸作品として、多数の読者を獲得してきた理由の一端はそこにあるだろう。

以下、本論におけるラ・ボエシの中心的な主張を、①人間の本性としての自由、②一者による支配の構造的悪、③支配と隷従の相補的関係、の三つの観点に即して整理しておこう。

人間の本性としての自由

ラ・ボエシにとって、自由が人間の「自然」すなわち「本性」(ともに原語はnatureだが、本文では文脈に応じて訳し分けた)を構成するという命題は、普遍的な真理である。「自由は自然であるということになるし、同様に、私の考えでは、われわれは生まれながらにして自由を保持しているばかりでなく、自由を保護する熱情をももっているのである」(二七―二八頁)。ラ・ボエシは、このことはわざわざ論証を要しないほど明らかであると言うが、それでも主として二つの根拠を挙げる。その第一は、動物でさえも隷従を逃れるために、ときには命をかけて抵抗するということであり、第二は、自然が人間全員を同じかたちに作った、ということである。この第二点は説明を要するだろう。人間がみな同じような姿かたちをもつということから、なぜ各人の自由という命題が導き出されるのか。

ラ・ボエシの説明はこうだ。自然はわれわれ全員を同じ型に基づいて作ることで、たがいを兄弟として愛するようにしむけた。これは各人が平等の能力をもつことを意味しない。それどころか、個々の知性や体力には大きな差がある。だがこのことによってかえって、自然は人間相互の扶助と連帯の必要性を高めたのだ。人間は外見的な相似性と、個別的な才能の差異のゆえに、たがいに仲間となる。したがって、人間の原初の自然状態において、他者を隷従させる欲望は発生しえないのであり、ゆえに各人は自由である……。後述するように、本論全体において、この「兄弟愛」(fraternelle affection)、「友愛」(amitié) の観念はきわめて重要な意味をもっている。本文の注 (九六頁注(13)) でもふれたが、自然状態における人間同士の友愛という思想は、古代哲学やキリスト教神学の伝統的な立場とは一線を画すという点で、ラ・ボエシの独自性を表す一要素である。

さて、そのように自由は人間の本性の一部であるはずなのに、彼らはなぜいとも簡単に隷従するのか。これが著者がくり返し提起する問いである。「一体いかなる災難が、ひとり真に自由に生きるために生まれてきた人間を、かくも自然の状態から遠ざけ、存在の原初の記憶と、その原初のありかたを取りもどそうという欲望を、人間から失わせてしまったのだろうか」（三〇頁）。人間は、自由への欲望をみずから放棄するほどまでに本性をゆがめられている。自発的隷従とは、まさしく自然を超えた悪徳——「自然がそんなものを作った覚えはないと言い、ことばが名づけるのを拒むような悪徳」（一五頁）——である。ここでラ・ボエシは、人間の自然（つまり本性）を二重に解釈しようと試みる。すなわち、人間の「本性」とは、「習慣」ではないかと問うのである。人間の生来の本性は、すぐに変容し、堕落してしまう。人間において習慣は本性よりも大きな力をふるう。いやむしろ、習慣づけられるという性質こそが人間の本性の一部なのである。「人間においては、教育と習慣によって身につくあらゆることがらが自然と化すのであって、生来のものといえば、もとのままの本性が命じるわずかなことしかないのだ」（四三頁）。

こうして、「自発的隷従の第一の原因は、習慣である」（四三頁）、言いかえれば、「人間が自発的に隷従する理由の第一は、生まれつき隷従していて、しかも隷従するようにしつけられているから」（四八頁）という説明が成り立つ。隷従に抵抗するのも人間の「本性」であれば、自発的な隷従も、「習慣」という第二の本性のなせるわざである、というわけだ。人間の「本性」が「習慣」と不可分に結びついているという認識は、のちにモンテーニュ、ついでパスカルに共有され、彼らの人間観の根本をなすに至る。ラ・ボエシにおいて独自なのは、人間が「生まれつき」の状態においてすら「習慣」の影響下にあり、そのような環境を「本性」と取り違えるということを喝破している点だ。彼にとって、自由に愛惜の念をもたないペルシア人と、どんなことをしてでも自由を手放そうとしないスパルタ人の違い（三八—四〇頁）は、両者の受けた幼年時の教育の違いに由来する。誕生の瞬間から両親の教育を通じて「習慣」を身につけることを強いられる人間は、もはや自己の純然たる「本性」を自覚することもないし、経験することもない。かくていまや、人間は自身の「原初のありかた」（四四頁）が自由であったことを見失ってしまっている。ラ・ボエシは、彼らがいかに不幸であるかをくり返し説き、そのような原初の本性を回復するように誘うのである。

人間は、本性と区別できないほどにそれと一体化した習慣によって、隷従の悲惨さを認識できないまでに目をくもらされている。ラ・ボエシの目的は、人々の目をさますことである。だがその困難についても、彼は深く理解している。「実のところ、自分を愛してくれる者には用心深くなり、自分をだます者には素直に従うのが、町においてつねに大多数を占める俗衆どもの性質というもの」（五三頁）だからだ。

「一者」支配の構造的悪

人間は、自然状態においては、同胞に対する友愛の念によって、たがいの自由を尊重するものである。だが、支配者は、いったんその地位につくと、このような公共的善としての自由への志向性を喪失する。民衆が隷従を自然と取り違えるように、圧政者はみずからの横暴を生得的な権限のように錯覚する。政治的共同体において、支配者と臣民はともに自然状態から離反しているのである。ラ・ボエシは、本論の冒頭から、オデュッセウスのせりふを用いながら、この事実に対して読者の注意を喚起している。稀代の英雄は「頭《かしら》でも王でも、たったひとりが望ましい」と語った（九頁）。だが、「たったひとりの者でも、主君という称号を得たとたんに、その権力は耐えがたく、理を外れたものになる」（九頁）のだ。ラ・ボエシの直観は、「一者支配制」（monarchie, monocratie）を「国制」（république : *res publica*）つまりは「公共的なもの」のなかに位置づけることを拒む。彼の見るところ、一者による支配は必ず圧政と国家の私物化へと進展するからだ。主君は「いつでもみずからの権限で悪人になれる」（一〇頁）のである。

　この考えは、彼による圧政者の三分類に顕著に表れている。「ある者たちは民衆の選挙によって、ある者たちは武力によって、そしてある者たちは家系の相続によって、それぞれ王国を所有している」（三一頁）。ラ・ボエシによれば、圧政を行うのは、戦勝によって権力を得た者、父祖から権力を継承した者のみではない。民主的な方法によって王座に就いた者ですらも、やがては必ず圧政者となる。それどころか、むしろこの第三の範疇の圧政者が、「不思議なことに、ほかの種類の圧政者を、ありとあらゆる悪徳において――残酷さにおいてすらも――どこまでも凌駕してしまう」（三二頁）という。

　古典古代の哲学者たちは、「圧政」（tyrannie）を、権力の不当な手段による簒奪から生じるものと定義した。ルソーもこう記している。

一般に了解された意味では、圧政者（tyran）は正義や法を無視して暴力によって統治する王のことであるが、狭義においては、正当な権利をもたずに王の権威をわがものとする者のことである。ギリシア人たちは、この語を後者の意味で理解していた。つまり彼らは、よき君主であろうが悪い君主であろうが、その権威が合法的でない者に対してこの語を用いたのである。こうして、「圧政者」と「権力簒奪者」（usurpateur）の二語は、まったくの同義語である。(31)

ラ・ボエシは、このような一般的な認識に与さず、圧政の原因を、支配者の権力が合法的か否かとは無関係であるとみなした。彼は、モンテスキューよりも二世紀も前に、一者による専制がもたらす権力の濫用を告発したのである。

では、非力な一者が、いかにして多数の人間を惹きつけうるのか。ラ・ボエシは、「臣下を飼い慣らすという圧政者の巧妙なやり口」（五二頁）について、多くの具体例を挙げて論じている。ペルシア王キュロスは遊戯によって民をふぬけにし、ローマの圧政者たち（カエサル、ティベリウス、ネロ）は、饗宴によって民衆を買収した上で、「護民官」を名乗った。アッシリア、メディア、エジプト初期の王たちは、小道具を使ってみずからの権威に神秘性を与え、エペイロスの王ピュロスとローマ皇帝ウェスパシアヌスは、奇蹟や驚異を捏造した。「圧政者どもは、おのれの地位を確固たるものとするために、民衆を服従の、ついで隷従の状態に慣れさせ、ついには自分を崇拝するにいたらせるべく、たゆまぬ努力を重ねてきた」(六五頁)のである。ラ・ボエシはとりわけ、圧政者が「民の宗教心を悪用」(六二頁)することを厳しく告発し、そんな連中は死後、冥界で永遠の罰に苦しむことになると言う。君主はその地位にあるだけで「一者の名の魔力」(一二頁)により、民衆をたやすく惑わすことができる。支配に付随するこのような原理的な欺瞞を、みずからの利益のためになおも意図的に助長する姿勢を、ラ・ボエシは悪と断じているのである。ここからもまた、彼の公正の観念が、原初の自然が人間に与えた「兄弟愛」と「友愛」に基づいていることが理解できるであろう。

支配と隷従の弁証法

支配はしかし、圧政者の及ぼす力によってのみ成立するのではない。実のところ、圧政は隷従によってはじめて可能になる。これがラ・ボエシの慧眼が見抜いたもっとも重要な真理である。『自発的隷従論』という題名を読み違えてはならない。自発的隷従は隷従の特殊な事例ではない。ラ・ボエシによれば、いかなる隷従も自発的なものでしかないのだ。「その者〔ひとりの圧政者〕の力は人々がみずから与えている力にほかならないのであり、その者が人々を害することができるのは、みながそれを好んで耐え忍んでいるからにほかならない。その者に反抗するよりも苦しめられることを望むのでないかぎり、その者は人々にいかなる悪をなすこともできないだろう」(一一頁)。

それゆえ、圧政を中断させるのに暴力的な抵抗は必要ない。圧政者は民衆がただなにも与えないことによって自壊する。ラ・ボエシは叫ぶ。「もう隷従はしないと決意せよ。するとあなたがたは自由の身だ。敵を突き飛ばせとか、振り落とせと言いたいのではない。ただこれ以上支えずにおけばよい。そうすればそいつがいまに、土台を奪われた巨像のごとく、みずからの重みによって崩落し、破滅するのが見られるだろう」(二四頁)。

著者の立場は明白である。彼は、同時代の一部の反王権主義者たちの革命思想とは無縁である。支配者への盲目的服従の倒錯を説きつつも、同時に、暴力による支配者の排除も戒めるのだ。ブルトゥスとカッシウスは、陰謀によってカエサルを殺害することに成功したが、祖国を圧政から解放したのもつかのま、同じくみずからが暗殺者の凶刃に倒れる結果となった。ラ・ボエシは嘆く。「共和国は、彼ら〔ブルトゥスとカッシウス〕とともに葬り去られたように思われる」(四七頁)。圧政者の暴力的な追放は、圧政の終焉を意味せず、別の圧政者を生み出すのみである。また、「圧政者殺し」(tyrannicide) は、法と正義を尊重する立場からも断罪の対象となる。いかなる改革も、法のもとで遂行されないかぎりは悪である。たとえ英雄的と目される行為であっても、君主の殺害は「共和国」に傷を与える。正義は平和においてのみ可能となる。ラ・ボエシが勧めるのは、あくまでも不服従という消極的抵抗である。

もっとも、この消極的抵抗ですらも、見かけほど簡単ではないことを、彼は承知している。支配は主体と客体の二項からなるのではない。その中間項、つまり被支配者でありながら支配者でもある存在、権力者にへつらって甘い汁を吸う存在が、圧政を堅固に維持する機能を果たしているのである。ラ・ボエシの説明はこうだ。

圧政者はじめ、群衆の支配のために数人の身近な家臣を利用し、彼らを優遇する。すると彼らは、その恩恵を失わないために、以後主君の悪行に積極的に加担し、その権力の維持に努める。同様にこの数人は、それぞれ十人ほどの手下を優遇し、仲間に引き入れる。すると数十人が圧政の支持者となる。次にこの数十人の各人が同じく十人ほどの従者をつくり、ついでこの従者も同様の手順で手下を従えていくと、やがては、支配される側にありながら圧政者を積極的に支える「小圧政者」(petits tyranneaux)が何百万にものぼることになる。「結局のところ、圧政から利益を得ているであろう者が、自由を心地よく感じる者と、ほとんど同じ数だけ存在するようになる」(六七―六八頁)のだ。このように階層化された身分体系の膨大な中間層は、上位の者に剝奪される以上のものを下位の者から搾り取ればよい。そうして、彼らは体制の変革ではなく、むしろ強化を望むのである。

このように、一者による支配体制は、見かけの脆弱さとは裏腹に、ときに盤石の安定性を獲得してしまう。ラ・ボエシはこのしくみを見極めた上で、なおも圧政者とその共謀者たちが不幸で悲惨な境遇にあることを暴き出そうと努める。

まず、圧政者は、つねに暗殺におびえなければならないため、身辺に知恵と力にまさる者を置くことができず、「自分の下にすぐれた者がひとりもいなくなるまでは、権力をその手にしっかりつかんだとは決して考えないものだ」（五一頁）。「ローマの皇帝のなかには、護衛のおかげで危険を脱した者よりも、みずから従える弓兵に殺された者のほうが多いのは明らかだ」（六六頁）。さらには、「ほとんどの圧政者はたいてい、彼らのもっとも気に入った連中によって殺された」（七五頁）のである。

他方、圧政の共謀者たちも、主君より幸福ではありえない。彼の命令に従うために、ひたすら自分を捨て、自分を犠牲にすることを強いられる。主君の庇護のもとで蓄えた富は、結局は彼に取り上げられ、同時に命を奪われることもある。なによりも、圧政者とは気まぐれなもので、臣下がいかに忠誠を尽くして奉仕しても、いつ見放され、滅ぼされるかわからない。セネカ、ブルス、トラセアの「善人三人衆」も、一時はネロの厚い信頼を受けるが、やがて疎んじられて罪人に仕立て上げられた末に、それぞれ残酷な死を迎えた（七三―七四頁）。ラ・ボエシは問う。「はたしてこれが、幸せに生きることだろうか。これを生きていると呼べるだろうか。〔……〕こんなふうに生きるよりも悲惨な状態があるだろうか。自分ではなにもたず、自分の幸福も自由も、からだも命も他人にゆだねるとは」

（七一頁）。

つまるところ、ラ・ボエシにとって、圧政者とその手下たちが不幸なのは、とりわけ彼らの間に「友愛」（amitié）が成立しえないからである。支配の側にいる彼らは、民衆を搾取し自己の欲望を可能なかぎり満足させるという目的を共有しているが、このような邪欲によって結ばれる関係は、友愛ではない。著者によれば、友愛とは、「善人同士」の間にしか存立しえないし、たがいに対等な者同士の信頼関係の上にしか成り立たないからである。「圧政者は決して愛されることも、愛することもない」（七六頁）。「圧政者はすべての人の上位にあり、仲間がまったくいないので、すでにして友愛の領域の外にいるからだ。友愛は平等のなかにしか真の居場所を見いださない。友愛は片足を引きずるのを好まず、つねに左右の均衡を保つのである」（七七頁）。ラ・ボエシは、共同体においてもっとも重要な徳を友愛に認め、同時にこれを、成員同士を結びつける真に強力な絆とみなす。それは、「友愛とは神聖な名であり、聖なるもの」（七六頁）だからである。

彼がこの徳を、キリスト教の「慈愛」または「隣人愛」（charité）と結びつけて理解していることは確実である。慈愛とは、自己の利益のためではなく、相手の利益を考えること、相手を搾取するのではなく、相手の幸福のために自身を捧げることである。この慈愛の対極にあるのが「自己愛」である。自己愛は、他者に対する自己の優越を志向し、自己の幸福のために他者を支配しようともくろむ。圧政者は隣人愛を放棄し、自己愛の実現を最大限に図ろうとすることで、神に敵対する。本論が次のことばで締めくくられるのは当然である。「私としては、圧政者とその共謀者に対する格別の罰を、神が来世で用意してくださっていると確信している。私はまちがってはいないだろう。圧政ほど、完全に寛大で善なる神に反するものはないのだから」[32]（八一頁）。では、「友愛」が互いに平等な個人の間の結びつきであるのなら、共同体において、あらゆる支配・服従関係は放棄されるべきなのだろうか。ピエール・クラストルは、ラ・ボエシが本論を書く際に念頭にあったのが新大陸の「国家なき社会」、すなわち身分差のない社会であったとの興味深い仮説を提示しているが[33]、そうであったとして、ラ・ボエシがそのような原始社会を、そのまま理想の共同体のモデルとみなしているかどうかについては疑問の余地がある。

先にもふれたが、ラ・ボエシにおいて、友愛関係の基盤となる個人間の「平等」は、彼らの生得的な能力――身体および精神の能力――の平等に起因するものではない。自然は、「ある者には大きな分け前を、ある者には小さな分け前を与え」（二六頁）たのであり、むしろこのことが「兄弟愛」の発生を可能にする条件であった。政治的共同体において望ましいのは、この兄弟愛が成員の間でうまく機能することであるが、これは必ずしも、彼らの身分上の差異を完全に撤廃することによって実現するものではない。実際、ラ・ボエシは、「隷従」のような極端な形態ではない上下関係、忠義や敬意をともなう服従の関係を、むしろ評価しているように見える。幼年時における両親との関係（二五頁）がそうであり、実際の善行によって優れた知恵と高潔な人格を示した人物との関係（一三頁）がそうである。たしかに後者の場合、その人物が権力を与えられることによって圧政者に転じてしまう可能性もある。だがその上でラ・ボエシは、徳や勲功に対する敬意と感謝それ自体は、「理性にかなった態度」（一三頁）であるとみなすのである。当然ながらこのとき、こうして支配の権限を与えられた者は、私利私欲を抑制し、具体的な行動によって仲間の期待に応えつづけなければならない。ラ・ボエシが想定する君主と臣民の正しい関係は、このような双方向性によって特徴づけられている。ゴワイヤール＝ファーブルのように、この点に啓蒙主義時代の社会契約説的思想の萌芽を認める[34]ことも十分に可能であると思われる。

　君主は臣民によって支えられ、臣民は君主の善政によって平和と安全を享受する。君主がその義務を怠り、臣民の自由を侵害し始めたら、臣民は服従をやめればよい。圧政と隷従は、国家の逸脱形態にほかならない。ありうべき共同体においては、君主と臣民のいずれもが、一定の権利を享受すると同時に、一定の義務も負う。ラ・ボエシにおける「公正さ」（intégrité）とは、このような社会的役割に応じた他者への奉仕であり、これを可能にするのが「友愛」の精神である。圧政者は、「自分の意志こそが道理であるとみなすこと、仲間など一切もたず、すべての人の支配者であることをもって旨とする」（七七頁）。これとはまったく反対に、「友愛という公共の義務」とは、「徳を愛し、勲功を敬い、善とそれが生じた原因に感謝し、ときには自分の安楽を犠牲にして、敬愛する相手、敬愛に値する相手の名誉や利益を高めるのに努めること」(一二―一三頁)なのである。

人間の原初的自然である自由に代わる「第二の本性」としての隷従、専制支配者の不可避的な非人間化、君主と臣民の相互作用である「友愛」の堕落形態としての「圧政」。これらの現象を指摘し、解明し、批判することで、ラ・ボエシは「思想史におけるランボー」(P・クラストル)となった。荒々しい表現と論理の背景にあるのは、支配者もまたただの人間であるという、怒りに似た叫びである。「そんなふうにあなたがたを支配しているその敵には、目が二つ、腕は二本、からだはひとつしかない」(二二頁)。この認識がいかに特異であったかは、彼の生きた次の世紀において、みずからの権威を神に帰す王が絶大な権力を誇示したことからも明らかである。ラ・ボエシは、支配者から神秘と超越性を排除し、政治をあくまでも生身の対等な人間と人間の関係として構想した。その先見性は、いくら強調しても足りない。

注

（1）『エセー』I・28、原二郎訳、岩波文庫、一巻、三七三頁。モンテーニュがラ・ボエシの死後に彼について書いた文章の概要とその見事な分析が、次に見られる。J・スタロバンスキー『モンテーニュは動く』早水洋太郎訳、みすず書房、一九九三年、六一―八八頁。また、ジャック・デリダは、その著『友愛のポリティックス』の第七章「私に連れ添う者」の主要部分を、モンテーニュ『エセー』I・28「友情について」の分析に充てている（『友愛のポリティックス』1巻、鵜飼哲ほか訳、みすず書房、二〇〇三年、二六五―二九八頁）。

（2）*Contr'Un* (*Contre Un*). 著者による題名ではないが、モンテーニュの時代にはすでにこの題で知られていた。Cf.『エセー』前掲書、I・28、一巻、三五七頁。

（3）以下においてとりわけ、S・ゴワイヤール＝ファーブルの所論（GOY. «Introduction», pp. 17-76）と、関根秀雄『モンテーニュとその時代』白水社、一九七六年、のラ・ボエシに関する記述（二七一―三二二頁）を参考にした。

（4）法官職の売官制度はフランソワ一世によって導入されていた。

（5）「ユグノー戦争」（ユグノーという呼称はとくにフランスのカルヴァン派信徒を指す）と呼ばれるフランスの宗教戦争は、後述のヴァシー虐殺（一五六二年）をもって本格的に始まるとされるが、すでに国内は宗教争乱に貴族間の権力闘争が加わって、内乱の状態にあった。一五二九年、ルターの著書の仏訳者で人文学者のルイ・ド・ベルカンがパリで火刑に処されて以来、事態は激化の一途をたどる。カトリック教会のミサを激しく中傷する張り紙がパリ市中とアンボワーズの王城に出回った、一五三四年の「檄文事件」に続いて、翌年、新思想の普及に関与したとして書籍商や印刷業者の大量処刑が行われた。一五四二年にはエクス高等法院の命により、リュブロン（アルプスの山地）の異端ヴァルド派約三千人が虐殺される。アンリ二世が即位（一五四七年）すると、異端弾圧のためにパリ高等法院に特別法院が設置され、二年間で約四十名が処刑された。のち一五六〇年、新教徒のコンデ公は、即位（一五五九年）後間もない若年の王フランソワ二世をギーズ一門の影響下から排除しようと企図して失敗、多くのユグノーが刑死した（アンボワーズの陰謀事件）。宮廷はさらに新教徒への弾圧を強める結果となった。

(6) ビュリはプロテスタントに対して、アジャンのドミニコ会士たちに教会を返還することを命じる一方、カトリック陣営に対しては、ユグノーたちにサント＝フォワ教会で礼拝することを許すように命じた。そして周辺の小村で教会がひとつしかないような場合は、旧教徒と新教徒が交互に礼拝するように定めた。

(7) ロピタルは、一五六〇年に異端裁判所を廃止し、翌年のポワシーの宗教会議で、カトリックの司教とプロテスタントの牧師を集めて両者の和解を説いた。

(8) *Mémoire touchant l'édit de janvier 1562.* モンテーニュがこの意見書『一月勅令に関する覚え書』について『エセー』で触れているが、一九一七年、P・ボヌフォンによってはじめてテクストが発見されるまで、失われたと考えられていた。この文書はこれまで邦訳されていないが、関根秀雄、前掲書（二八九―二九六頁）に詳しい解説がある。中川晋介「ラ・ボエシの『騒乱鎮圧に関する覚え書き』」（1）、『椙山女学園大学研究論集』第一九号（第1部）、一九八八年／（2）、同第二一号（第1部）、一九九〇年／（3）、同第二四号（第1部）、一九九三年、にも本文書の概説が見られる。GON., pp. 259-267 をも参照。

(9) 宇羽野明子氏は、ユマニスムの伝統における友愛観を、ルネサンスのレトリックの目的との関連で明らかにした上で、そのような友愛観を前提にすれば、この『覚え書』の一見不寛容と思われる内容のなかに、むしろ「寛容」と呼べるような精神が見いだされると論じている。氏は、『覚え書』の主張の力点は、二つの異なった宗教の共存を認めないことではなく、国家の秩序、ないしはそれを生じさせる友愛の絆の回復と維持にあったと考えている。そのかぎりで、『覚え書』における暴動鎮圧への提言も、信仰の強制という不寛容な措置とは一線を画すものだとする。丁寧な論述に基づく説得的な見解であると思われる(「フランス人文主義の友愛観への一考察——ラ・ボエシの『自発的隷従論』をめぐって」『法学雑誌』大阪市立大学法学会、第四八巻、一号、二〇〇一年、一九〇—二三〇頁)。

(10) イコンや彫像の拝跪禁止、聖遺物への接吻禁止、フランス語での祈禱容認、献金の多寡による死者の扱いの差別禁止、秘蹟改革への言及、など。

(11) 実際、ロピタルの寛容政策は、宗教上の理由以上に国内の政治的状況によって失敗に終わる。一五六二年の時点で、プロテスタントはフランス人口の四分の一を数えていた。その上、ブルボン家当主アントワーヌ、コンデ親王ルイ、コリニー提督ら有力貴族が新教側に立って、カトリック強硬派のギーズ家に対抗していたのに加え、群小の帯剣貴族らも、コンデ派とギーズ派の二派に分かれてこの権力闘争に参加する始末であった。

(12) ギーズ公がシャンパーニュ地方のヴァシーに立ち寄った際、彼の護衛の数人が、穀倉内で礼拝しているカルヴァン派の新教徒たちと口論を始める。事態が即座に悪化し、虐殺にまで発展。新教徒側に百名以上の死傷者が出る。

(13) Montaigne, *Sur la mort d'un ami*, texte présenté par France Quéré, Paris, Desclée de Brouwer, «Les Carnets DDB», 1995, pp. 53-55. 邦訳:『モンテーニュ全集』第九巻「モンテーニュ書簡集」関根秀雄訳、白水社、一九八三年、二四—二五頁。

(14) モンテーニュは、本論文の執筆時期を、『エセー』一五八〇年版と一五八八年版では十八歳としたが、その後十六歳と訂正し、モンテーニュ死後に刊行された一五九五年版にもそれが反映されている。Cf.『エセー』I・28、前掲書、一巻、三七五頁(および三七六頁注3)。

(15)『エセー』I・28、前掲書、一巻、三七五頁。

(16) ラ・ボエシ自身の手になる原稿(あるいはそれに基づいた写本)は十六世紀に紛失したと推測されている。

(17) N・ゴンタルベールは、ド・メーム写本(Manuscrit De Mesmes, BN, Fonds français, manuscrit 839)とデュピュイ写本(Manuscrit Dupuy, BN, Fonds français, manuscrit 238-239)に加えて、フランス国立図書館に所蔵されている十六世紀の写本 20157(BN. Fonds français)の三つ(いずれも正確な成立時期は不明である)を仔細に検討し、句読点の打ちかた、ヴァリアントの伝承の特徴などから、このなかでド・メーム写本が最古のものであると結論する。彼女はまた、このド・メーム写本から未発見の写本Xが作られ(その際にド・メーム写本に若干の変更が加えられた)、デュピュイ写本も写本 20157 も、この写本Xを踏襲しているのではないかと推測している（GON. pp. 46-74）。なお、ド・メーム写本とデュピュイ写本は十九世紀に発見され、前者に基づいた版が一八五三年にはじめて編集刊行された（J. F. Payen, *Notice biobibliographique sur La Boétie, l'ami de Montaigne, suivie de La servitude volontaire, donnée pour la première fois selon le vrai texte de l'auteur, d'après un manuscrit contemporain et authentique*, Paris, Firmin-Didot, 1853）。

（18）*Le Réveille-Matin des Français et de leurs voisins*, publié en 1574 à Bâle et à Edimbourg, au nom d'Eusèbe Philadelphe Cosmopolite（実際は複数の著者による共同作品）。GOY. に所収（pp. 177-185）。

（19）Simon Goulart, *Les Mémoires de l'État de France sous Charles IX*.

（20）Marat, *The Chains of Slavery*, 1774.

（21）*De la Servitude volontaire*, avec les notes de M. Coste et une préface de F. de Lamennais, Paris, Daubrée et Cailleux, 1835. ラムネの序文は、ABE., pp. 47-67 に収録されている。先述のように、『自発的隷従論』にはじめて著者の名が付されたのは、『エセー』一七二七年版においてである（P. Coste 版）。

（22）GOY., pp. 49-59 を参照。

（23）事件はまず、ラ・ロシェルで塩税に反対する民衆が蜂起したのに端を発する。騒乱は農耕地域へと拡大する。農民たちは義勇軍を結成、塩税吏を殺害し、貴族や富裕市民を攻撃した。反乱分子たちがボルドーに進軍するにおよび、アンリ二世がアキテーヌに一万の軍隊を派遣。

モンモランシー大元帥が反乱を鎮圧し、国王の代官トリスタン・ド・モナン殺害のかどで、民衆百五十人が処刑された。

(24) J.-A. De Thou, *J. A. Thouani Historiarum sui temporis*, Paris, 1604 (Traduction française : *L'Histoire universelle*, Londres, 1734). なお、水嶋一憲氏は、ド・トゥーの説を受けいれ、『エセー』一五九五年版における『自発的隷従論』執筆時期の改変は、ギュイエンヌ地方の農民反乱との暗合を意図的に回避するためであったと推測している(「友愛と隷従——ラ・ボエシー『自発的隷従論』の問いをめぐって」『人文学報』京都大学人文科学研究所、第七二号、一九九三年、九〇—九三頁)。

(25) フジェール (L. Feugère, *La Boétie, ami de Montaigne*, Paris, J. Laitte, 1845)、コンブ (F. Combes, *Essai sur les idées politiques de Montaigne et La Boétie*, Bordeaux, 1882) らが主張した。ラ・ボエシのオルレアン大学在学中、のちに新教徒弾圧の不当を叫んで処刑される恩師アンヌ・デュ・ブールの謦咳に接することで、考察をより精緻なものに高めたのではないかという推測が根拠になっている。一方、アルマンゴー (Dr Armaingaud, *Montaigne pamphlétaire. L'énigme du Contr'un*, Paris, Hachette, 1910) は、『自発的隷従論』のなかに出てくる「小男」«hommeau»がアンリ三世(即位はラ・ボエシの死後)のことを指しているとの推測を重ね、ここにはラ・ボエシが知りえなかった事実が記述されていると考えることで、本論文の大部分はモンテーニュの手になるものだと主張した。その後長い論争を経て、ヴィレ (P. Villey) とボヌフォン (P. Bonnefon) がこの説を退けるが、ゴワイヤール＝ファーブルは慎重に、原稿が紛失し、日付のない写本しか残っていない以上、モンテーニュによる改変がまったくなかったとも言えない、と結論づけている（GOY, pp. 39-41）。

（26）ド・トゥーは、作中の「小娘」«femmelette»をディアヌ・ド・ポワティエとみなし、槍試合への言及をもってアンリ二世のことを示唆していると考えた（前注のアルマンゴー説も参照）。これに対し、ヴィレやボヌフォンは、この件りに登場する暴君を、個々の実在の人物とは無関係の、観念的で抽象的な存在であるとみなした。

（27）Paul Bonnefon, *Estienne de La Boétie, sa vie, ses ouvrages et ses relations avec Montaigne*, Bordeaux, 1888, Slatkine Reprints, 1970.

（28）F・オットマン『フランコ＝ガリア』（François Hotman, *Franco-Gallia*, 1573）、デュプレシ＝モルネ『暴君に対する反抗の権利』（Du Plessis-Mornay [attribué], *Vindiciae contra Tyrannos*, 1579）など。

（29）サント＝ブーヴは、『自発的隷従論』を「古典的な美文で、学生の作品としては傑作である」とし、ラ・ボエシの政治思想には見るべきものがないと切り捨てた。彼は「よき市民」として振る舞い、「当初の熱からさめて」「自分の国の法律の友人と守護者と」なるべく努めたのだ、という（Sainte-Beuve, «Étienne de La Boétie, l'ami de Montaigne», in *Causeries du lundi*, tome IX, Paris, Garnier Frères, 3e édition, 1921, pp. 144-150）。

（30）本文冒頭九―一〇頁参照。

（31）『社会契約論』Ⅲ・10。Jean-Jacques Rousseau, *Du contrat social*, in *Œuvres complètes*, tome III, éd. Bernard Gagnebin *et al.*, Paris, Gallimard, «Pléiade», 1964, p. 423. 訳は山上。

（32）この結末は、プラトン『国家』Xでソクラテスが伝えるエルの物語の一節を想起させる。一度死んで生き返ったエルはあの世で、生前に独裁僭主であった者の魂が苛酷な刑罰を受けているのを見たという。

（33）本書掲載論文参照。

（34）*GOY*., pp. 102-106.

参考文献

1　『自発的隷従論』写本

Manuscrit De Mesmes, conservé à la Bibliothèque nationale de France, Fonds français 839.（「ド・メーム写本」。フランス国立図書館の電子図書館サイト「ガリカ」http://gallica. bnf. fr にて閲覧可能）

2　『自発的隷従論』校訂版

Étienne de La Boétie, *Discours de la Servitude volontaire*, texte établi et annoté par André et Luc TOURNON, suivi de : *Les paradoxes de la Servitude volontaire*（études de Ph. Audegean, T. Dagron, L. Gerbier, F. Lillo, O. Remaud, L. Tournon）, Paris, Vrin, «Bibliothèque des textes philosophiques», 2002 : 略号 *TOU*.

Estienne de La Boëtie, *De la Servitude volontaire ou Contr'Un*, édition avec introduction et notes par Malcom SMITH, avec des notes additionnelles de Michel MAGNIEN, Genève,

Droz, «Textes Littéraires Français», 2001. : 略号 *S.M.*

Étienne de La Boétie, *De la servitude volontaire ou Contr'un*, suivi de sa réfutation par Henri de Mesmes, édition et présentation de Nadia GONTARBERT, suivi de *Mémoire touchant l'édit de janvier 1562*, présenté par Annie Prassoloff, Paris, Gallimard, «Tel», 1993 : 略号 *GON.*

Étienne de La Boétie, *Discours de la Servitude volontaire*, chronologie, introduction, bibliographie, notes par Simone GOYARD-FABRE, Paris, GF-Flammarion, 1983 : 略号 *GOY.*

Étienne de La Boétie, *Discours de la servitude volontaire*, édition de Miguel ABENSOUR, texte établi par Pierre Léonard, suivi de : *La Boétie et la question du politique* (textes de F. Lamennais, P. Leroux, A. Vermorel, G. Landauer, S. Weil, M. Abensour, M. Gauchet, P. Clastres, C. Lefort), Paris, Payot, «Petite Bibliothèque Payot», 1976 ; Paris, Payot et Rivages, «Petite Bibliothèque Payot», 2002 : 略号 *ABE.*

Étienne de La Boétie, *Discours de la servitude volontaire*, texte présenté par Maurice Rat, Paris, Armand Colin, «Bibliothèque de Cluny : Le Trésor», 1963.

3 『自発的隷従論』現代語訳、邦訳

Étienne de La Boétie, *Discours de la servitude volontaire*, translation en français moderne par

Myriam MARRACHE-GOURAUD, notes réalisées par Myriam Marrache-Gouraud et Anne DALSUET, dossier réalisé par Anne Dalsuet, lecture d'image par Seloua Luste Boulbina, Paris, Gallimard, «Folio Plus Philosophie» 2008：略号 *M.D.*

Étienne de La Boétie, *La Servitude volontaire*, suivi de vingt-neuf sonnets d'Étienne de La Boétie et d'une lettre de Montaigne, mis en français moderne et présenté par Claude Pinganaud, Paris, Arléa, 2003；«Retour aux grands textes», 2007.

Étienne de La Boétie, *Discours de la servitude volontaire ou Contr'un*, modernisation, présentation et commentaire de Gérald ALLARD, Sainte-Foy (Québec), Le Griffon d'argile, 1985：略号 *ALL.*

ラ・ボエシ「奴隷根性について」関根秀雄訳、『モンテーニュ全集』第九巻「モンテーニュ書簡集」白水社、一九八三年、二五七―三〇〇頁

ラ・ボエシー「自発的隷従を排す」荒木昭太郎訳、『世界文學体系』第七四巻「ルネサンス文学集」筑摩書房、一九六四年、三一一―三三四頁

4　モンテーニュ『エセー』

Essais, édition de Pierre Villey, sous la direction et avec une préface de V.-L. Saulnier, Paris, PUF, «Quadrige», 1992, 3 vol.

『エセー』原二郎訳、ワイド版岩波文庫、一九九一年、六巻
『エセー』宮下志朗訳、白水社、二〇〇五年―（刊行中）、全七巻予定

5　その他

Michel Butor, *Essais sur les Essais*, Paris, Gallimard, 1968.（邦訳：ミシェル・ビュトール『エセーをめぐるエセー――モンテーニュ論』松崎芳隆訳、筑摩叢書、一九七三年）

Cahier La Boétie, nº1. *Amitié & Compagnie. Autour du "Discours de la servitude volontaire" de La Boétie*, études réunies par Stéphan Geonget et Laurent Gerbier, Paris, Classiques Garnier, 2012.

Cahier La Boétie, nº2. *Les Figures de la coutume. Autour du "Discours de la servitude volontaire"*, études réunies par Laurent Gerbier et Olivier Guerrier, Paris, Classiques Garnier, 2012.

Jean-Michel Delacomptée, *Et qu'un seul soit l'ami : La Boétie*, Paris, Gallimard, «L'un et l'autre», 1995.

Jacques Derrida, *Politiques de l'amitié*, Paris, Éditions Galilée, 1994.（邦訳：ジャック・デリダ『友愛のポリティックス』鵜飼哲ほか訳、みすず書房、二〇〇三年、全二巻）

Jacques Joseph Desplat, *La Boëtie, le magistrat aux nombreux mystères*, Le Bugue (Dordogne),

PLB, «Fleur de Lys», 1992.

石井忠厚「死をめぐる思想史（1）――ラ・ボエシの死（上）」『未来』第四〇〇号、二〇〇〇年一月、一―五頁／「同（2）――ラ・ボエシの死（中）」、同第四〇一号、二〇〇〇年二月、三〇―三三頁／「同（3）――ラ・ボエシの死（下）」、同第四〇二号、二〇〇〇年三月、一八―二一頁

Estienne de La Boétie, *Œuvres complètes*, introduction, bibliographie et notes par Louis Desgraves, édition nouvelle augmentée, Bordeaux, W. Blake and co., 1991, 2 vol.

Estienne de La Boëtie, *Mémoire sur la pacification des troubles*, édité avec introduction et notes par Malcom Smith, Genève, Droz, «Textes Littéraires Français», 1983.

水嶋一憲「友愛と隷従――ラ・ボエシー『自発的隷従論』の問いをめぐって」『人文学報』京都大学人文科学研究所、第七二号、一九九三年、八七―一〇四頁

Montaigne, *Sur la mort d'un ami*, texte présenté par France Quéré, Paris, Desclée de Brouwer, «Les Carnets DDB», 1995.（邦訳：『モンテーニュ全集』第九巻「モンテーニュ書簡集」関根秀雄訳、白水社、一九八三年）

中川晋介「ラ・ボエシの『騒乱鎮圧に関する覚え書き』」（1）、『椙山女学園大学研究論集』第一九号（第1部）、一九八八年、四七―四九頁／同（2）、同第二一号（第1部）、一九九〇年、九三―九七頁／同（3）、同第二四号（第1部）、一九九三年、一一一―一二三頁。

大久保康明「ラ・ボエシー『自発的隷従論』覚書」『人文学報』首都大学東京都市教養学部人

文・社会系、第四〇六号、二〇〇八年、一―一五頁
大中一彌「自発的隷従とは何か――ラ・ボエシー『反一者論（コントラン）』をめぐって」細井保編著『20世紀の思想経験』法政大学出版局、二〇一三年、三一―七三頁
斎藤広信『旅するモンテーニュ――十六世紀ヨーロッパ紀行』法政大学出版局、二〇一二年
Sainte-Beuve, «Étienne de La Boétie, l'ami de Montaigne», in *Causeries du lundi*, tome IX, Paris, Garnier Frères, 3e édition, 1921, pp. 140-161.
関根秀雄『モンテーニュとその時代』白水社、一九七六年（とくに二七一―三二二頁）
Jean Starobinski, *Montaigne en mouvement*, Paris, Gallimard, 1982 ; «Folio Essais», 1993.（邦訳：J・スタロバンスキー『モンテーニュは動く』早水洋太郎訳、みすず書房、一九九三年）
Marcel Tetel (éd.), *Étienne de La Boétie. Sage révolutionnaire et poète périgourdin*, Actes du colloque international, Duke University, 26-28 mars 1999, Paris, Honoré Champion, 2004.
宇羽野明子「フランス人文主義の友愛観への一考察――ラ・ボエシの『自発的隷従論』をめぐって」『法学雑誌』大阪市立大学法学会、第四八巻、一号、二〇〇一年、一九〇―二三〇頁
山上浩嗣「ラ・ボエシ『自発的隷従論』における「友愛」の諸相」『待兼山論叢』大阪大学文学研究科、第四七号、二〇一四年一月、一―一八頁
Anne-Marie Cocula, *Étienne de La Boétie*, Bordeaux, Éditions Sud Ouest, 1995.
Bernadette Gadomski, *La Boétie, penseur masqué*, Paris, L'Harmattan, 2007.

付論

服従と自由についての省察（シモーヌ・ヴェイユ）

自由、災難、名づけえぬ存在（ピエール・クラストル）

付論収録に寄せて

本書には「自発的隷従論」の本文に付して、ラ・ボエシに深く触発された二十世紀の二人の思想家の関連するテクストを併録する。ひとりは哲学者のシモーヌ・ヴェイユ（一九〇九―四三）、もうひとりは人類学者のピエール・クラストル（一九三四―七七）である。ラ・ボエシを論じたものは多々あるが、その思想の要諦を自らの思想展開にとりこみ、生かしえたものは多くない。この二人の論はその最良の例であり、「自発的隷従論」の現代的理解のためにも有益と思われる。

ヴェイユはアランに学んで哲学を修め、リセの教師として出発したが、工場労働者の境遇に同情を寄せ、持病を抱えながらみずから工場で働いてその体験を書き、またスペイン人民戦線にも馳せ参じ、第二次大戦が始まるとユダヤ人ながらアメリカへの亡命に甘んじることができず、在イギリスの自由フランス亡命政府に身を投じ、前線で貢献できない無念に臍《ほぞ》を嚙みつつ、与えられた任務である戦後フランス社会再生の理念作りに身を削り、餓死するようにして世を去った。

そのヴェイユは、いわゆる「最初の労働者国家」ソ連で「たったひとりの男が一世代の人々全体を血まみれにする」という出来事に遭遇し、その現象を理解するのにラ・ボエシの論を援用した。ここで取り上げられているのは一九三六年から三八年にかけて起こったスターリンによる「大粛清」つまりモスクワ裁判のことだが、ただしスターリン現象の背後にあるのは、ヴェイユと交流のあったバタイユが数年前すでに「国家の問題」で指摘していたように、たんに社会主義体制だけでなく、国家の肥大化が進む二十世紀世界に共通した問題だった。自由の国であるはずのフランスでも、支配秩序のもたらす工場労働者や農民の悲惨な「根こぎ」があった。だからヴェイユは、フランスにおける人民戦線内閣の成立にも触れている。

三六年のこの出来事は、史上初めて選挙によって社会主義政権を誕生させたものだが、そこにヴェイユは、どんな主義の勝利より、「多数者」たる民衆が奇跡的にまとまった「隷従の拒否」の発露を見ている。しかし、多数が少数の秩序を崩すその出来事の高揚は長続きせず、人びとが街頭から日常の生活に帰ってゆくとともに秩序が戻ってきて、再び散開した人びとの分断と無力化が始まる。その回帰は避けがたいが、民衆の矜持や平等の意識があるかぎり、それはいつでも支配秩序を脅かす息吹として潜在している。それがヴエイユの忍耐に満ちた希望だった。その記述は半世紀後にブランショの語った「明かしえぬ共同体」を予感させる。

最初哲学を学び、後に人類学に転じたクラストルもまた、ヴェイユ同様現代世界の「自由と抑圧」を深く問いただした。かれは南米の先住部族（グアヤキ・インディアン）の社会に、西洋的なものとはまったく違った組織原理を見出し、部族から国家へ＝未開から文明へといった、人類学という学問そのものを成立させてきた「進歩史観」を覆そうとした。ヨーロッパによって発見された「新世界」の部族社会は、未開であるために国家が発達していないのではなく、部族内部に〈区別〉が生じ、権力や支配・被支配関係が生じるのを妨げる機制が働いている、国家化とはまったく別の原理をもつ「国家に抗する社会」だというのだ。クラストルはこの発想を、ラ・ボエシから得たと公言し、みずからこの啓蒙以前・諸科学分岐以前の夭折した文人の末裔を任じている。そしてラ・ボエシ自身が、十六世紀当時フランスでも関心を集めていたアメリカ先住民世界の情報に触発されたのだろうと推測している。

生まれつき自由を求めるはずの人間が好んで隷従を選んでいるように見えるのはなぜなのか、ラ・ボエシはこう問うて、一方で「自然状態」の「自由」やそれと不可分の「友愛」について語り、それに対して永続化する「自発的隷従」のからくりを描き出したが、クラストルはそこに「国家なき社会」、つまりは権力が浮上して〈区別〉を持ち込むことのない状態と、権力を軸にした統治秩序との二重性を読み込んだのである。だから〈区別〉が国家を発生させる。そしてこのプロセスは不可逆的で、ひとたび国家が登場したら、国家は隷従を要求して一人歩きを始めるというのだ。ここに、「いかなるものであれ、社会秩序は悪だ」というヴェイユの苦い断言が重なってくる。ただし、これは歴史的プロセスというより、人間社会の構造的ヴィジョンと見た方がよいかもしれない。

このような考えを足場に人類学を更新して、たんに他者の文化現象の研究にとどまらず、西洋世界の構成原理とその認識の構えを問い質すような、政治人類学とでもいうべきものを展開することを期待されていたクラストルもまた、いかなる符合によるものか、ラ・ボエシ、ヴェイユとともに（かれの場合は交通事故で）三十代の若さで世を去っている。奇しくも、夭折した三人の論がここに並ぶことになった。

四世紀以上も前のラ・ボエシの論が、一見素朴で未熟にも見える記述のためにかえって難解に映るのは、おそらくわれわれの受けとめ方にタガをはめている啓蒙的近代以降の思考の傾きのためである。ヴェイユやクラストルはそのような近代意識の拘束に囚われることなく、人間性の根本を問うことから自由や抑圧について考え抜いた。そのために、単独者として時代に阿《おもね》ることのない独自の思想を切り開きえたし、ラ・ボエシにみずからの精神的眷属《けんぞく》をみて、その思想の射程をもっとも深く現代世界の考察に生かしえたのである。

（西谷　修）

服従と自由についての省察(1)

(一九三八年執筆)

シモーヌ・ヴェイユ(2)

山上浩嗣 訳

多数者が少数者に服従すること——ほとんどすべての社会組織に見られるこの基本的な事実に、少しものを考える者ならば、だれでも驚かされてきた。自然界においてわれわれは、目方の重いものが軽いものにまさり、多産な種族がそうでない種族を圧倒しているのを目にする。しかし、人間界においては、かくも明快なこの関係が転倒しているように思われる。たしかにわれわれは、日常的な経験によって、人間がたんなる自然の断片ではないこと、意志、知性、信仰という人間を構成するもっとも高貴な要素が、日ごとに奇蹟とも呼べるようなものを生み出していることを知っている。だが、ここではそんなものは無関係だ。血も涙もない「必然」という女神が、無数の奴隷、無数の貧者、無数の被支配者をずっと自分のひざの上に抱えてきたし、これからもそうするであろうが、ここに人間の精神などなんら関与していない。それは、自然界のすべての生々しい現実と同様である。しかしながら、そうした必然は、自然の法則とは正反対の法則に動かされているように見える。まるで、社会という秤の上では、一グラムの重りが一キロの重りにまさるとでもいうように。

いまから四世紀ほど前、青年ラ・ボエシは、『反一者論』[3]という著作においてこの問題を提起した。彼はそれに答えを出したわけではない。地球の六分の一の面積を占める国〔ソビエト連邦のこと〕で、たったひとりの男が一世代の人々全体を血まみれにするのを今日目にするわれわれは、この小著をどれだけ感動的な挿絵で飾ればよいだろうか。死が猛威をふるうときにおいてこそ、多数者が服従するという奇蹟が明白に現れる。多くの人間が、たったひとりの人間に殺されることを恐れてその者に服従することは、それだけで十分に驚くべき事実であるが、そのうえ、多数者が一者に対して、その者に命令されれば死ぬことをも受け入れるまでに服従をつらぬくという事実については、どう理解すればよいのだろうか。服従が少なくとも反抗と同じだけの危険をともなうという状況で、いかにして服従が維持されうるのだろうか。

いまわれわれが生きている物質的世界に関する認識が発展しえたのは、〔ルネサンス期の〕フィレンツェによって、人類が、かくも多くの驚異を手にしたのちになお、ガリレオの手を介して力の観念を授かったときからである。産業による物質的環境の整備が企てられるようになったのもこのころである。同様に、社会的環境に関しても、（いかにわれわれが現にその整備を行っているつもりでも）社会の力という観念について明晰に理解しないかぎり、そのもっとも基本的な認識さえも得られないだろう。

社会においても、物質界におけるガリレオのような存在が登場しないうちは、それを整備する者は現れようがない。はたして今日、全地球上でたったひとりでも、たとえ漠然とであれ、次のことを理解している者がいるだろうか。すなわち、クレムリンのひとりの男が、ソビエト連邦の国境内のどんな人間の首でも切り落とすことができるという事態がなぜ起こりうるのか、ということを。

マルクス主義者たちは、社会の謎を解く鍵として経済を選んだが、それによって上の問題を明確に見通すことが容易になったわけではない。社会をひとつの集団とみなした場合、この巨大な動物〔社会のこと〕は、あらゆる動物がそうであるように、まず第一に食物、睡眠、天候不順からの防御、つまりは生命そのものを維持するしかたによって規定される。しかし、社会を個人との関係において考察するとき、それはたんに生産の様態によっては規定されえない。ありとあらゆる些細《ささい》な事象を動員して、戦争を本質的に経済的な現象だと考えようとしたところで、戦争は破壊行為であって生産行為ではないことは、火を見るよりも明らかである。それと同様に、服従と命令という現象もまた、その生産に関する側面を考慮するだけでは、十分に説明することができない。年老いた労働者が、職もなく救いもないままに、路上やあばら屋で静かに息絶えようとするとき、彼は死を受け入れるまでに服従に甘んじているわけだが、このような現象は、生存への本能的欲求によっては説明できないわけだ。それは、たとえば経済恐慌のさなかに小麦やコーヒーを大量に廃棄するというような事態に劣らず不可解である。つまり、欲求という観念ではなく、力という観念こそが、社会的現象を読み取るための鍵となるのである。

ガリレオは、あれほどの才と誠実さをもって自然を解き明かしたが、本人からすれば、それは自慢できるほどのことではなかった。少なくとも、彼が対決したのは、聖書の解釈を専門とする一握りの権力者だけだったのだから。一方、社会の仕組みを研究しようとすれば、すべての人間ひとりひとりがもつ情念の抵抗にあう。命令と服従の織りなす現今の諸関係を転倒するか維持するか、そのいずれかを望まない者はほとんどいない。この二つの欲望はいずれも、精神のまなざしをぼやけさせ、歴史の教訓に学ぶことを忘れさせてしまう。歴史は、古今東西、無数の人々が軛《くびき》につながれてきたのに対して、鞭をふるう者はほんのわずかしかいなかったということを教えてくれるというのに。

多数の側〔服従する側〕につく者たちは、この状況は不公平きわまるのみならず、少なくともこの先は、近い未来であれ遠い未来であれもはや発生しえないということを示そうと努める。他方、秩序と特権の維持を望む側は、軛などたいしたものではないということ、さらにはそれは〔服従する側の〕合意に基づくものであるということを証明しようとする。いずれの場合も、社会の仕組みがもつ根源的な不条理の上に覆いをかぶせているのであって、この不条理と映る現実を正面から見つめ、分析して、そこに社会機構のもつ秘密を見いだそうと努める態度ではない。いかなる題材でも、これ以外に考察の方法はないというのに。驚きは知恵の父であると、プラトンは語ったものだ。

多数者が——苦痛や死を強制されてさえも——服従し、少数者が支配するのである以上、「数は力だ」というのは真実ではない。ちょっと想像すればわかるように、数は弱さなのである。弱さは、飢える側、疲弊する側、懇願する側、震える側にあるのであって、幸福に生きる側、恩を授ける側、恐れさせる側にはない。民衆は、多数であるにもかかわらず従うのではなく、多数であるがゆえに従うのである。もし道でひとりの男が二十人とけんかしたら、おそらくくたばったまま舗道にうち棄てられるだろう。だが、ひとりの白人の指示により、安南人《アンナン》の苦力《クーリー》二十人が、ひとりかふたりの監督に次から次へと鞭で打たれることはありうるのだ。

このことは矛盾と見えるが、実はそうではない。おそらくは、いかなるときにも、命ずる者は従う者よりも少数なのだ。だが、命ずる者はまさにより少数であることによって、ひとつのまとまりを形成するのに対して、従う者はまさにより多数であることによって、個々別々のままにとどまる。こうしてごく少数の者の力が、多数者の力によって支えられることになるのだ。この〔まとまりをなす〕少数者は、多数者の群れのなかの各人よりも、数において大きくまさっている(4)。だがこのことから、多数者をまとめれば関係が逆転すると結論づけてはならない。多数者をまとめるということがそもそも不可能だからだ。結合しうるのは、ほんの少数の人々だけだ。それ以外の場合は、複数の個人をただ単に並べることにしかならない。つまり弱さにしかならないのだ。

とはいえ、そのような経過をたどらないこともある。歴史のある瞬間において、大きな風が集団の上を通りすぎた。その息吹、その言葉、その運動が混じり合ってひとつになったのだ。そうなれば、それに抗えるものなどなにもない。このとき強者は、ついに孤独で武器をもたない状態のなんたるかを知り、恐怖に震える。タキトゥスは、軍隊の暴動を描く輝かしい一節において、事態を完全に分析してみせた。「これが鎮圧不能の断固たる動きであることは、次のことから分かった。彼らはいく人かの者たちによって分散させられたり、操られたりするのではなく、一体となって勢いを増し、一体となって静まった。その一致団結のさまはあまりにも見事であって、彼らがまるで命令によって動いているのではないかと思われるほどであった」(5)と。一九三六年六月、われわれはこの種の奇蹟に立ち会った(6)。その衝撃はいまだに冷めやらない。

だが、そんな瞬間は長続きしない――気の毒にも、それが永遠に続くことを切望する人々がいるが。そんな瞬間が持続しえない理由は、強烈な勢いをもって広がる熱情の火のなかで生じたあの一致団結が、合理的な方法を備えたいかなる行動とも両立しえないことにある。そうした一致団結はいつも、すべての行動を中断させ、日常生活の流れをせき止めてしまう。この宙吊りの時間は長続きしえない。日常生活の流れは回復されなければならないし、日々の行いは果たされなければならないからだ。集団はまたもや個人個人へと分解し、勝利の記憶は薄らいでいく。もとの状況、あるいはそれに似た状況が少しずつ復活していく。つまるところ、ときおり支配者は交替しうるが、服従するのはつねに同じ者たちなのだ。

強者のもっとも切実な願いは、自分が支配する群集がそのように団結するのを妨げること、あるいは少なくとも――団結の回避がいつも可能というわけではない以上――その団結をできるかぎり生じにくくすることにある。たいていの場合、ものごとの自然の流れによって、多数の不幸な者たちは同時に同じ思いを抱くようになるものだ。だが、いつもそのような感情は、わずかに芽生えたとたんに、いかんともしがたい自己の無力感によって抑えつけられてしまう。この無力感を持続させることこそが、支配者側から見たうまい策略の第一条件である。

人間の精神は信じられないくらいに曲がりやすく、すぐに他人の影響を受けるし、外的な状況に応じてすぐに変化してしまう。服従する者、つまり他者の言葉によって自分の行動を決めたり、悲しみや喜びを感じたりする者が、自分は劣っていると感じてしまうのは、たまたまではなくて本性によるのである。そして、階層においてこれと対極にある者は自分が優れていると感じるものだが、この二つの幻想はたがいに補強しあう。自己の内在的な価値に対する認識が外的な支えをすべて失ってしまった場合、英雄のように確固たる精神のもち主でさえ、その認識を維持することは不可能である。キリストですら、だれからも見放され、嘲《あざけ》られ、軽蔑されて、自分の生などどなんの役にも立たないと感じたとき、しばらくの間みずからの使命を見失ってしまった。「神よ、なぜ私を見棄てられたのですか」という叫びは、このことを意味しているにほかならない。服従する者には、なにか超自然的な力によって自分が劣っているのであり、それゆえに自分は永遠に服従を運命づけられている、というように感じられるものだ。彼らは、上に立つ者や仲間のふるまいのなかに、いかに些細なものであれ、自分に対するなんらかの軽蔑の兆候をかぎとる。彼らは人から命令されることもあれば、みずから服従の行為を果たしさえもするのだが、そのたびに、服従の運命をますます強く自覚するようになるのである。

社会階層の下位にいる者に、自分には価値があるとの感覚を与えるのに貢献するものはすべて、なんらかの点で秩序破壊的である。ソビエトロシア〔ソビエト連邦のこと〕の神話は、現場監督に解雇された共産主義者の工場労働者に、それでも自分には赤軍とマグニトゴルスク(7)に仲間がいるという安心感を抱かせ、その誇りを維持させるという点で、秩序破壊的なのだ。歴史的に革命は不可避であるとの神話もまた、より抽象的ではあるが、同様の役割を果たしている。不幸で孤独なとき、歴史が味方してくれていると思えば励みになるものだ。キリスト教もまた、その初期においては、秩序にとって危険なものであった。キリスト教は、貧者や奴隷に富や権力への欲望を喚起したのではない。反対に、彼らは自分には内在的な価値が備わっているとの感覚を与えられたのであり、それによって自分が富者と同等か、それ以上の地位にあると考えた。このことは、社会の序列を危機に陥れるのに十分であった。そこでキリスト教はすぐに自己改革し、富者と貧者の結婚式や葬式の間に適切な差異をもうけたり、貧者を教会の最後部座席に追いやったりするようになった。

社会の力は、欺瞞なしには機能しえない。だから、人間の生におけるもっとも高貴なものすべて、すなわち、あらゆる思考の働きや、あらゆる愛の働きは、秩序にとって有害なものとなる。思考は、一方で革命を刺激するものとして糾弾され、他方で革命を邪魔するものとして非難されうるが、いずれの場合にも正当な理由があるのだ。思考がたえず「この世のものではない」価値の序列を構築するかぎりにおいて、それは社会を統治している力の敵となる。だが、その同じ思考は、社会を転倒させ変革することを目指す企てにとっても、有益なものとはならない。その企ては、それに身をささげる人々の間で、成功する前からすでにして必然的に、多数者の少数者への服従、特権階級の無名の大衆に対する軽蔑、そして欺瞞の操作を引き起こすことになるからである。天才、愛、聖性も、これまでに何度も受けてきた非難に十分に値する。存在しているものの破壊を志向するだけで、代わりになにも作り上げることがないという非難だ。思考し、愛することに努め、自分の精神と自分の心が命じることをまったく純粋なかたちで政治行動に反映させようと努める人々は、喉を切られて死に、仲間からさえも見捨てられ、死後も歴史によって罵倒されるほかはない——グラックス兄弟(8)がそうであったように。

公共善を愛するあらゆる者は、こうした状況によって、残酷で救いのない苦悩に苛《さいな》まれる。歴史を動かすような力と力の衝突に、たとえ遠くからでも参加すれば、ほとんどの場合、名誉を汚され、あらかじめ敗北を運命づけられることになる。とはいえ、無関心を決め込み、象牙の塔に閉じこもることもまた、たいてい無分別なふるまいとなる。とすれば、社会民主主義者が使用してあれほど激しく非難された「よりましな悪」なる表現だけが——それを最大限に冷静に用いるかぎりにおいて——適用可能なものとなろう。

社会秩序というものは、どんなものでも、いかに必要であっても、本質的に悪である。それによって抑圧されている人々が、できるかぎりそれを覆《くつがえ》そうとするのを、責めることはできない。彼らがそれをあきらめたとすれば、それは徳によるものであるどころか、彼らの男性的な徳を根絶してしまう屈従の結果である。一方でまた、社会秩序を組織する側の人々がそれを擁護するのを非難することもできないし、そうした人々を、全体の善に対して陰謀をたくらむ者とみなすことも筋違いである。同胞同士の闘争は、相互理解の不足に起因するものでもないし、思いやりの不在によって生じるものでもない。それはものごとの自然によって生じるのであり、根絶は不可能である。できるのはただ、無理に抑えつけることくらいだ。自由を愛するすべての人にとって望ましいのは、そうした闘争が消失することではなく、その暴力の程度がある限界のなかにとどまっているということなのである。

注

（1） Simone Weil, «Méditation sur l'obéissance et la liberté», in *ABE.*, pp. 113-120 ; Extrait de :

Oppression et Liberté, Gallimard, 1955, pp. 186–193.

（2）シモーヌ・ヴェイユ（一九〇九―四三）：哲学者、社会思想家。工場労働者への共感と、独特のキリスト教思想を通じて、同時代の官僚制を批判した。主著に『抑圧と自由』『労働と人生についての省察』『神を待ちのぞむ』『重力と恩寵』など。

（3）『自発的隷従論』の別名。解題一三二頁および一五七頁参照。

（4）つまり、いくら少数でも、ひとりよりは多いということ。

（5）タキトゥス『年代記』I・32。ゲルマニアの軍隊の暴動の一場面である。訳は山上。

（6）第一次人民戦線内閣の成立のこと。人民戦線とは、反戦、反ファシズムを掲げた諸集団による統一運動のこと。フランスでは一九三五年六月に議会内で派閥を形成。翌年六月、総選挙で圧勝し、政権を担当する。

（7）ロシア中西部、チェリャビンスク州の都市。ロシア屈指の鉄鋼生産中心地。

（8）古代ローマの政治家兄弟。二人はともに共和政ローマ末期に国家改革に着手するが、元老院の反発にあい失敗に終わる。

自由、災難、名づけえぬ存在(1)
（一九七六年初出）

ピエール・クラストル(2)
山上浩嗣 訳

まことに、エティエンヌ・ド・ラ・ボエシの思想ほど自由な思想に出会うことはまれである。まだ青春期にある若者の、異様なまでに強靭な思想だ。彼を思想史におけるランボーだとは呼べまいか。彼の問いかけは、明らかにたまたま発せられたことによって大胆さと重みをもっているのであって、これを時代の産物とみなそうとするのは、この上なく愚かなことだ。また彼は、個々の出来事を、これまでに何度も補強されてきた一定の枠にはめて理解しようとする姿勢に対して、憎らしいほど傲慢な疑いの視線を投げかけたわけだが、その視線の価値を見くびることも、いかにも愚かしい。プロテスタント〔新教徒〕が編集した『反一者論』[3]以来、いかに多くの誤解が生じてきたことか。（本論を時の政治状況や、著者が属する社会階層の産物だとする）いかなる歴史的決定論によっても、断じて『自発的隷従論』のいまなお毒を放つ棘を引き抜くことはできないし、本論の基盤であり長所である自由の絶対的な主張を不当とみなすこともできないだろう。その場所、その時の歴史など、ラ・ボエシにとってはせいぜいきっかけや口実にすぎない。彼は風刺家でも批評家でも活動家でもなかった。その攻撃は、もっと広い範囲に及んでいる。いかなる社会的・政治的な「属地性」からも完全に解き放たれているがゆえに、彼はまったく自由な問いを提起しえたのであり、彼の問いが歴史を貫通するものであるがゆえに、われわれはそれを理解しうるのである。ラ・ボエシは問う。大勢がひとりに服従すること、それも、ただ服従するのみならず隷従すること、ただ隷従するのみならず隷従するのを望むことが、いかにして生じうるのか、と。

なによりもまず、その性質と射程からして、この問いを一定の具体的な歴史的状況へと還元すべきではない。この破壊的な問いは、端的かつ大胆に、次のような二律背反の論理を前提としている。すなわち、自発的隷従があらゆる社会――私自身が生きている社会のみならず、書物によって私が知る社会も（ラ・ボエシは古代ローマをおそらく修辞上の理由から例外としているが）――に共通の要素であることに驚かされるのは、私がそんな社会とは正反対の社会を仮定しているから、言い換えれば、私が自発的隷従を知らない社会の論理的可能性を仮定しているからだ、という論理である。ラ・ボエシの大胆さと率直さは、〈歴史〉を論理へといとも楽々と軽やかに移行させた点、もっとも自然で明白に見えることがらに穴を穿った点、支配者と被支配者を区別[4]（division）することなしに社会を思考することはできないという普遍的な信念を打ち破った点にあるのだ。そんな通念を疑い、自明とされることがらを否定することで、青年ラ・ボエシは既知の歴史全体を超越し、「別の世界も可能だ」と語る。とはいえ彼は決して、その「別の世界」を実現させたいわけではない。ラ・ボエシはいかなる党派とも無縁だ。彼は反逆者ではないので、ある意味で、民衆の運命になど関心はなかった。だからこそ彼は、『自発的隷従論』の著者でありながら、同時に君主制国家の役人でもあったわけだ（よって本作を「民衆の古典」とみなすのは滑稽である）。彼が〈歴史〉の外部に滑り出すことで発見したのはまさに、民衆が暴君への奉仕を望む社会は歴史的産物であったこと、そんな社会は永続的でも、つねに存在していたわけでもないこと、そんな社会はある特定の時期に生まれたのであり、人間が自由から隷従へと移行するには、どうしてもなにかが生じなければならなかったこと、である。「一体いかなる災難が、ひとり真に自由に生きるために生まれてきた人間を、かくも自然の状態から遠ざけ、存在の原初の記憶と、その原初のありかたを取りもどそうという欲望を、人間から失わせてしまったのだろうか(5)」。「災難」とは、悲劇的な事故、不運の始まりであり、その影響が大きくなったばかりに、以前の記憶が消失し、自由への欲望が隷従への愛に変化してしまったのだ。ラ・

ボエシはなんと語っただろうか。だれよりも透徹した眼力によって彼は、まずもって、この自由から隷従への移行を必然性のないことと主張する。社会における支配者と服従者との〈区別〉を、偶発的なものだと断言するのである（それ以来、この不可解な災難を思考する苦労が始まった！）。

「災難」という語が指示しているのは、〈歴史〉の誕生というあの歴史的な瞬間、かつて生じたことのないほど致命的なあの断絶、つまり、われわれ近代人が異口同音に国家の誕生と呼ぶ、あの不合理な出来事のことである。社会のほぼ全構成員が一者に自発的に服従するという堕落のなかに、ラ・ボエシは、おそらく不可逆的な退廃のおぞましい兆候を読み取っている。その兆候とは、新たな人間の誕生である。不可解な災難によって生み出されたこの人間は、もはや人間ではなく、動物ですらない。なぜなら「動物たちも〔……〕正反対の欲望による反抗なしには隷従に慣れることができない」[6]からだ。この名づけがたい存在は、脱自然化しているのである。人間は自由を失うことで、人間性を失った。人間であることとは自由であることであり、人間は〈自由を志向する存在〉である。まったく、人間に人間であることを断念させ、さらにはそのような断念の永続を希求させる災難とは、いかなる災難なのだろうか！

〈歴史〉の起源となったその謎の災難は、社会にひとつの〈区別〉を導入することで、人間を脱自然化してしまった。それによって社会から、原初の人間の構成要素である自由が駆逐されたのである。この自由の喪失のしるしと証拠は、服従の甘受においてのみならず、隷従への愛において、より明瞭なかたちで確認することができる。別の言いかたをしよう。ラ・ボエシは、人間――「ひとり真に自由に生きるために生まれてきた人間」――の本性に適合した自由な社会と、一者が他者に服従を命ずる自由なき社会との間に、根本的な差異（distinction）を認めている。この差異は、さしあたり単に仮定上のものだ。われわれは自由な社会の歴史的現実についてなにも知らないのだから。知っているのはたんに、自然の道理からして、社会の原初の姿は、自由に基づいて――つまり、圧政を布く暴君と隷従を愛する民衆との〈区別〉などないままに――成立したはずだということだけである。そこに災難が生じて、すべてがひっくり返る。

この自由な社会と隷従の社会との差異から帰結するのは、〈区別〉をともなうあらゆる社会は、隷従の社会であるという事実だ。つまり、ラ・ボエシは、〈区別〉をともなうさまざまな社会の間に、いっさいの差異を認めていない。悪い圧政者に対置しうるようなよい君主などない、ということだ。ラ・ボエシは性格類型などに関心はない。そもそも、君主の本性が親切か残酷かなど、どうでもよいことなのだ。いずれにせよその君主に民衆は隷従しているのだから。ラ・ボエシは心理学者としてではなく、いわば機械技師の観点から探求している。彼の興味は、社会という機械がいかに機能しているかに向かっているのだ。ところで、自由と隷従との間に、漸進的な移行などありえない。そこには中間項などないし、両者の混合形態もない。あるのはただ、自由という前段階から服従という後段階へと転落させる、不意の災難だけだ。これはどういうことか。あらゆる権力関係は抑圧的であり、〈区別〉をともなうあらゆる社会には——その社会が自然に反するものであり、自由を否定するものであるかぎりにおいて——〈絶対悪〉が宿っている、ということである。

こうして、災難を通して〈歴史〉の誕生、すなわち善き社会と悪い社会の分断(partage)が生じる。善き社会とは、〈区別〉がもともと不在であることによって自由が保障されている社会であり、悪い社会とは、〈区別〉によって圧政の勝利が許容されている社会である。

ラ・ボエシは、〈区別〉をともなうあらゆる社会を腐敗させる悪の性質を診断する。そうして彼は、〈区別〉なき社会と〈区別〉をともなう社会とを、〔観察に基づいて〕比較するのではなく、両者を純粋に論理の上で対立させるとどうなるかと考える。彼の論は、次のような主張を暗黙の前提としているのだ。すなわち、〈区別〉は社会の必然的な構造ではないのだから、当然ながら、社会における〈区別〉が不幸にして発生する以前には、人間の本性に合致するかたちで、抑圧も服従もない社会が展開していた、という主張である。ジャン＝ジャック・ルソーとは異なり、ラ・ボエシは、そんな〔抑圧も服従もない〕社会はおそらく存在したことがないとは言わない。たとえ人間がそのような社会の記憶を失っているとしても、たとえラ・ボエシがそのような社会の再来の可能性にほとんど希望を抱いていないとしても、彼は、災難以前の社会のありかたとはそのようなものだったということを知っているのである。

ラ・ボエシにとってはアプリオリのものでしかないこの認識が、いまや『自発的隷従論』の問いかけに応じるわれわれの認識の秩序のなかにも組み込まれる。その上われわれは、ラ・ボエシの知らなかったことを、経験的な知として獲得することができる。その知はもはや論理的な推論を経てではなく、直接的な観察を経て得られるのである。つまり、民族学が、ラ・ボエシがかつて認めた差異〈〈区別〉のある社会とない社会との差異〉の地平を見きわめようと企図し、なによりもまず災難以前の社会に関わる知の使命をまっとうしようとしているのだ。文明以前の野生人、文字を知らない民族、〈歴史〉以前の社会――〔内実は未知だが〕呼び名だけはしっかりと与えられたこれら原始社会は、〈区別〉の不在のなかで発展してきた最初の社会であり、かの決定的な災難以前に存在した最初の社会である。民族学の――唯一のではないにせよ――特権的な対象は、こうした国家なき社会なのである。

国家の不在とは、原始社会という観念を定義する人類学の内的基準であるが、そこには、そうした社会には〈区別〉がないということが含意されている。それは、社会の〈区別〉が国家制度よりも前に存在しえたということではなく、国家そのものが〈区別〉を作り出し、それが国家の原動力と基盤になったということを意味している。「原始社会は平等であった」と言うだけでは正しくない。そう語る者は、「原始社会において、人と人との関係は平等な者同士の関係である」と考えているからだ。原始社会が「平等」であったのは、不平等が知られていなかったからである。ある者の「価値」は別の者の価値以上でも以下でもないし、その者に優る者も劣る者もいない、ということだ。言いかえれば、だれもだれか以上の存在にはなれないし、だれも権力の保持者にはなれない、ということである。原始社会において知られていなかった不平等とは、人間を権力の保持者と権力への隷従者とに分断する不平等、社会を支配者と被支配者とに〈区別〉する不平等である。それゆえ、族長の存在は、その一族内の〈区別〉の指標とはならない。族長は命令しない。彼は、共同体のひとりひとり以上の存在にはなりえないからだ。

社会を上の者と下の者とに〈区別〉する国家は、権力関係を実際に機能させる。権力を保持するとは、それを行使することである。行使されない権力は権力ではなくて、ただの見せかけにすぎない。そしておそらく、この観点からすれば、アフリカやその他のいくつかの王国[7]は、この見せかけの範疇——想像以上にうまく人をあざむく範疇である——に分類されるであろう。いずれにせよ、権力関係は、社会において〈区別〉がもつ絶対的な威力を実現する。その意味で、権力関係とは、国家制度の本質そのものであり、国家の最小限のかたちである。逆に言えば、国家は権力関係の拡大にほかならないのであり、命ずる者と服従する者の間にある不平等をたえずより深化させていくものなのだ。

権力関係が不在の状況で機能するあらゆる社会機構は、原始社会の規定条件となる。したがって、その機能のなかに、どれほど些細なものであっても、権力の行使を含んでいる社会は、国家と呼ばれることになる。ラ・ボエシの用語では、両者はそれぞれ、「災難以前の社会」と、「災難以後の社会」ということになる。もちろん、だからといって、国家の普遍的な本質が、あらゆる国家の形式において画一的なしかたで実現するわけではない。その多様性については、既知の歴史が告げている通りだ。原始社会、国家なき社会との対比においてのみ、他のあらゆる社会が同様のものとして現れる、ということにすぎない。しかしながら、ひとたび災難が到来し、元来平等な者同士の関係を規定していた自由が失われれば、〈絶対悪〉があらゆる種類の悪を飲み込んでしまう。悪にはさまざまな段階があるのだが、〔その究極のかたちである〕全体主義国家は、現代に見られるそのさまざまな相貌のもとで、われわれにひとつの事実を想起させてくれる。それは、自由の喪失は、いかに深甚なものであっても、決してそれで終わりということにはならないという事実、自由の喪失には決して終わりはないという事実である。

ラ・ボエシは、自由の享受が人間の自然のありかたの表現そのものであった原始社会の崩壊を、災難と名づけるしかなかった。災難とはすなわち、発生する理由などないにもかかわらず発生してしまった、思いがけない出来事のことだ。こうして『自発的隷従論』は、二つの問いをはっきりと提起している。ひとつは、なぜ人間の脱自然化が生じたのか、なぜ社会のなかで〈区別〉が発生したのか、なぜ災難は到来してしまったのか、という問い。もうひとつは、なにゆえ人間は、その脱自然化したありかたのままでいられるのか、なにゆえ不平等はたえず再生産されるのか、なにゆえ災難はまるで永遠のように持続しうるのか、という問いである。

ラ・ボエシは、第一の問いには答えない。これは、近代の用語で言えば、国家の起源に関わる問いである。国家は何に由来するかと問うことは、不合理の理由を問うことであり、偶然をむりやり必然へと転換しようと試みることであり、ようするに、災難を解消しようと望むことである。問いとしては正当だが、答えることは不可能ではないか。ラ・ボエシは、なぜ人間は自由を放棄したのかといった理解不能なことに、決して説明を与えない。代わりに、彼は第二の問いには答えを出そうと努めている。なにゆえ自由の放棄が持続的なものとなりうるか、という問いだ。『自発的隷従論』の主目的は、これに対する答えを明確化することにほかならない。

すべての生物のなかで、人間だけが「ひとり真に自由に生きるために生まれてきた」のであれば、人間がその本性からして〈自由を志向する存在〉なのであれば、自由の喪失は、人間の本性そのものに影響を与えるはずだ。自由の喪失によって、人間は脱自然化し、本性を変化させたのである。それによって人間が、天使の本性を獲得するとはだれも思わない。脱自然化は、上に向かってではなく、下に向かって進展する。脱自然化とは後退なのだ。ではこれは、人間から動物への堕落だろうか。それも違う。なぜなら、観察から明らかなように、動物が主人に服従するのは、主人の与える恐怖のゆえにほかならないのだから。天使でもなく獣でもなく、人間性の手前でもなく向こうでもない存在、それこそが脱自然化した人間なのだ。文字通り、名づけえぬ存在である。

そこから、人間の新しい観念、新たな人間学の必要性が生じてくる。実のところ、ラ・ボエシは、近代人の人間学の、〈区別〉をともなう社会に生きる者の人間学の、知られざる創始者なのだ。彼は、マルクスはもとより、ニーチェの試みに三世紀以上も先んじて、人間の堕落と疎外について考えたのである。脱自然化した人間は、自由を失ったがゆえに堕落のなかに生き、服従しなければならないがゆえに疎外のなかで生きている。

しかし、本当にそうか。動物たちも服従を強いられているではないか。だが、人間の脱自然化を、動物性への退行という意味に限定してとらえることはできない。それは、否定しようのない次の事実に起因している。すなわち、人間は、力ずくでもむりやりにでもなく、恐怖からでも殺すと脅されているからでもなく、自発的に服従する、という事実である。人間は服従を望むがゆえに服従し、隷従を欲するがゆえに隷従に甘んじているのだ。

これはどういうことだろうか。自由な存在である人間でなくなることをみずから選びとる脱自然化した人間は、それでもなお人間と言えるだろうか。だが、脱自然化しながらも、みずから疎外を選ぶがゆえに、自由なる存在——これこそが人間の新たな相貌なのだ。奇妙な結論、想像もできない理屈、名づけようもない現実である。災難がもたらした脱自然化によって、新たな人間が誕生した。自由への意志が隷従への意志へと変化しているような新たな人間である。脱自然化により、意志が方向を変え、正反対の目的を志向するようになったのだ。新たな人間が意志を喪失したというのではない。意志を隷従へと向け変えたのだ。いまや民衆は、運命の犠牲者でもあるかのように、魔法にでもかかったかのように、暴君に隷従しようとする。しかもその意志は、熟慮の産物ではないだけに、真の姿を秘している。実のところ、それは欲望にほかならないのだ。

どうしてこんなことが生じたのか。ラ・ボエシにも答えはない。では、なぜこんなことがいまも続いているのか。それは、人間がそれを望んでいるからだ、とラ・ボエシは答える。なんの解決にもなっていないという反論は容易だ。だが、そうだろうか。この問いによってラ・ボエシが遠慮がちに、しかし明確に定めた目標は、人間そのものに関わることである。その目標とはつまり、人間の本性であり、それについてまた次の問いが提起される。服従の欲望は、生来のものか、それとも習得されたものか。服従の欲望は、それが顕現するきっかけになった災難よりも先に存在していたのか。言い換えれば、服従の欲望は、まったく説明のつかない致死突然変異[8]のごとく、災難をきっかけに無から生じたのか否か、という問いである。さまざまな原始社会の例を見ればわかることだが、この問いは、見かけとは異なり、学問研究によって解明できるようなものではない。

実は、『自発的隷従論』の著者は問うには至らなかったが、現代の民族学が提起しうる第三の問いがある。それは、原始社会は、いかにして不平等、〈区別〉、権力関係を生じさせないように機能していたのか、いかにして災難を回避するに至ったのか、いかにしてそれが始まらないようにしたのか、という問いである。というのも、くり返しになるが、原始社会が国家なき社会であるのは、そうした社会が、そもそも国家の出現によって特徴づけられる成熟した段階に達することができないからではなく、国家という制度を拒否しているからである。原始社会が国家を知らないのは、そんなものを望まないからであり、部族が族長制と権力とを分離したままで維持されているのは、族長が権力の保持者となることを望まないから、つまり、族長《シェフ》が君主《シェフ》となることを拒否するからである。服従を拒否する社会、これこそが原始社会である。

そして、ここでもまた、心理学に頼る必要などいっさいない。権力関係の拒否、服従の拒否は、かつて〔新大陸に赴いた〕宣教師や冒険家が信じたように、野生人の性格の特徴などではまったくなく、さまざまな社会機構が個々の人間において機能した結果、つまり集団の行動と決定の帰結にほかならないのである。それに、この権力関係の拒否という現象を説明するのに、原始社会がすでに国家の体制を経験したことがあるという仮説をもち出す必要もまったくない。すなわち、原始社会はかつて支配者と被支配者の〈区別〉を経験したが、そうした〈区別〉が有害で受け入れがたいものであると判明したため、〈区別〉以前の状況、災難以前の時代へと回帰した、という仮説である。そのような仮説は、国家が永続的であるという主張、社会における支配・服従関係に即した〈区別〉が永続的であるとの主張へと結びつく。この主張は、〈区別〉という事象のうちに現実の社会の基本構造を認め、社会内の〈区別〉を正当化しようとする点で、かなり毒のある見解ではあるが、歴史と民族学の教えによって、結局は誤りであると判明する。というのも、歴史と民族学は、国家をともなう社会のなかで、国家なき社会、すなわち原始社会へとふたたびもどった例をいっさい伝えてくれないからだ。

むしろ逆に、そこにはひとたび越えれば引き返せない一線が存在すること、この一線は一方向からしかまたげないことのほうが、本当らしく思われる。つまり、非国家から国家への移行しかなく、逆はありえない、ということだ。どこであれいつであれ、どんな文化圏でもどんな歴史的時代でも、巨大な国家的装置がまきこまれていく衰退と堕落の光景がたえず展開されている。ここでは封建君主の所領に分断され、あそこでは地方族長の分割支配にゆだねられるというように、国家は瓦解しうる。しかしながら、権力関係は決してなくならないし、社会の本質的な〈区別〉は決して解消しないし、前国家的段階への回帰は決して果たされない。国家の力はしぶとくて、打ちのめされても決して無には帰さず、いずれは必ず再生する。ローマ帝国の滅亡のあとの西欧世界がそうであったし、南アメリカのアンデス地方は、最後の勝者インカ帝国に至るまで、千年にもわたって諸国家の興亡の舞台となった。なぜ国家の死はいつも不完全に終わるのか。なぜ国家の死は、〈区別〉なき社会の再生をもたらさないのか。なぜ権力関係は、いかに脆弱なものになり果てても機能し続けるのか。つまるところ、社会の〈区別〉とともに生まれ栄えた新たな人間こそが最後の人間、不滅の人間であり、もはや〈区別〉が発生する前の段階へと回帰することは決してありえないということなのだろうか。

隷従への欲望と服従の拒否はそれぞれ、国家としての社会と国家なき社会の構成要件である。そこで原始社会は、服従への欲望の発生を妨げることで、権力関係を排除する。というのも、次のことがらは、いまや自明の理にほかならないからだ。それは、ラ・ボエシに倣って、何度でも思い出しておかねばならない。すなわち、第一に、権力はそれが実際に行使されることによってのみ存在するということ、第二に、権力への欲望が実現するのは、その必然的な補完物である服従への欲望をうまく喚起できた場合のみであるということだ。支配欲は、その補完物たる服従欲がなければ満たされないのである。

くり返すが、〈区別〉なき社会としての原始社会は、権力欲と服従欲の双方について、いかなる実現の可能性をも閉ざしている。原始社会は、あくまでも〈区別〉なき状態にとどまろうとする社会機構であって、悪い欲望を抑圧する場として成立しているのだ。そこでは、そんなものが発生する余地はまったくない。野生人はそんな欲望を忌避するのである。彼らがそれを悪いものだと考えるのは、それを野放しにすればたちまち、支配者と被支配者の〈区別〉を受容し、権力の保持者と権力への隷従者との不平等を是認することによって、社会の改変を甘受することにつながってしまうからだ。人と人との関係が平等な者同士の自由な関係として維持されるためには、不平等の発生を防止し、おそらくあらゆる社会、あらゆる個人に宿る、〈権力欲と服従欲という〉二つの顔をもつ悪い欲望が孵化するのを妨げなければならない。原始社会は、潜在的な権力欲と服従欲——権力そのものでも、服従そのものでもない——に対して、しなければならないこと、してはならないことという掟をもって立ち向かう。つまり、

〈区別〉なき社会ではいっさいを変えないでおかねばならないのであり、悪い欲望は発現させてはならないのである。

こうしていまや、国家を拒絶するのに国家の出現を待つ必要のないこと、災難を振り払うのにあらかじめそれを経験しておく必要のないこと、自由を要求するのに事前にそれを失っておく必要のないこと、が理解されるだろう。部族内では、子どもたちはこう教えられる。「おまえたちはみな平等だ。だれも他より優っておらず、だれも他より劣っていない。不平等は偽りであり、悪であるがゆえにまかりならぬ」と。そしてこの原初の掟が、痛みをともなう記録として、教えを授かる若者の身体に刻み込まれる。掟の記憶が失われないようにするためである。通過儀礼的行為において、個人の身体は、法を刻み込む場所として、社会全体の共同的所有の対象となる。こうして、いつか個人の欲望が、掟の条文に違反して社会的領域の私有をたくらんだりすることがないようにするのである。

そうしてまた、万一共同体の平等な構成員のうちのひとりが、権力欲を満たすために社会をわがものにせんと企もうものなら、部族は、支配を欲するその者に服従するどころか、こう告げるであろう。「おまえはわれわれと対等な者にすぎないのに、他の者よりも価値があるわけではないのに、自分が他よりも優っていると主張し、われわれの社会の〈区別〉なきありかたを破壊しようとした。よってこれ以後、おまえは他よりも劣った者となる」と。これは架空の演説ではあるが、次のことは民族誌学によって実際に確認されている。すなわち、ひとりの長が長としてふるまうとき、社会は彼を見棄て、追放するのだ。それでも懲りない場合、彼は殺されることもある。完全なる追放、根本的な厄払いである。

災難とは、権力欲と服従欲を潜在的なままにしておくことを妨げるなにかが生じることである。これらの欲望は、実際に行動に移されることによって顕在化し、社会に〈区別〉が生じて、人々は不平等になる。原始社会が、〈自由を志向する〉ありかたを維持したいと望むがゆえに保守的であるのとは対照的に、〈区別〉をともなう社会はたえず変化をくり返し、権力欲と隷従欲とが無際限に膨張していくのである。

ラ・ボエシの思想は絶対的に自由であり、その論はあらゆる歴史に通じるとさえ言える。著者がブルジョワの司法官という階層に属していたことを想起しても、本論に、フランス南部における塩税一揆が王権によって鎮圧されたこと（一五四九年）に対する義憤しか認めなかったとしても、(9)彼が提起する問いの謎は決して解消しない。ラ・ボエシの企ては、どれほど特定の時代に閉じこめようとしても無駄であるし、おなじみの思想ではない。その思想はまさに、およそおなじみの思想に自然にそなわる自明なものが与えてくれる安心感に対抗して発展したものだからだ。したがって、『自発的隷従論』は、孤独な思想であり、みずからの運動、みずからの論理だけを糧に生育してきた厳格な思想である。その論理とは、人間が自由であるよう生まれついているとすれば、人間社会の原初のありかたは必然的に、非・〈区別〉、非・不平等のなかで進展したはずだ、というものである。ラ・ボエシにおいては、国家なき社会、原始社会からのアプリオリな演繹が認められる。だが、奇妙なことに、おそらくこの点にこそ、時代の影響を、十六世紀前半において生じていたことに対するラ・ボエシの認識を、見いだすことができるのである。

十六世紀はルネサンス――ギリシア・ローマ文化の復興――の世紀であっただけでなく、新世界の発見と征服という、西欧の相貌を一変させることになる出来事が起こった世紀でもあるという事実が、あまりにもしばしば忘れられている。このときたしかに古代のアテネやローマへの回帰があったわけだが、他方で、アメリカというこれまで存在していなかったものが突然現れたのだ。未知の大陸の発見という事実が西欧におよぼした興奮の大きさについては、「海外」からのどんな情報でもきわめて速く伝わっていたことからうかがえる。

いくつかの出来事を、時代順に見ておこう。(10) 一四九三年、新大陸発見に関するクリストファー・コロンブス〔クリストーフォロ・コロンボ〕の書簡集がパリで刊行される。一五〇三年、同じくパリで、アメリゴ・ヴェスプッチの最初の旅行の報告書がラテン語訳で出版された。新世界の固有名称として初めてアメリカという語が現れたのは、一五〇七年、ヴェスプッチの旅行記の新版においてである。(11) 一五一五年には、ポルトガルの探検家たちによる旅行記のフランス語訳がベストセラーとなる。つまり、十六世紀初頭のヨーロッパでは、アメリカ大陸においてなにが起こっているのかを知るのに、たいした時間はかからなかったということだ。情報の豊富さと、情報流通の速さ——当時において情報伝達は困難であったにもかかわらず——は、時の教養人のなかで、新世界とその住民に対する関心が、書物によって伝えられる古代世界に対する関心と同じくらい高かったことを示している。ひとつの知識欲が、ヨーロッパの古い歴史と同時に、その新たな地理的広がりへと向けられたことで、二つの発見が可能になったのである。

ここで、そうしたあまたの旅行記が、とりわけスペイン人およびポルトガル人によって書かれたことに注意しておくべきであろう。イベリア半島の探検家やコンキスタドール〔征服者〕たちは、マドリッドとリスボンにある君主の名において、その財政的支援を得て旅に出たのである。実のところ、彼らの探検は国家事業であり、旅行家たちはやがて、王の口うるさい役人への定期的な報告を義務づけられた。

とはいえ、当時のフランス人が、好奇心を満たすために、近隣諸国によってもたらされた資料しかもっていなかったというわけではない。というのも、フランス王国政府は当時、大西洋をまたぐ植民地化計画にはほとんど無関心で、スペイン人やポルトガル人の努力についても距離をおいて眺めていたにすぎないのだが、民間人は逆に、新世界方面に向けて、さまざまな企画を早いうちから展開していたのだ。英仏海峡や大西洋沿岸の港湾都市の船舶業者や商人は、十六世紀最初頭から、あるいはそれ以前から、アンティル諸島や、のちにアンドレ・テヴェが南極フランスと名づけることになる地域へと、何度も探検をくり返していた。国家の沈黙や怠惰とは対照的に、オンフルールからボルドーにいたる都市では、船舶と船員たちの精力的かつにぎやかな活動がくり広げられていた。これによって、きわめて早い時期から、南アメリカの野生人との間で定期的な通商が確立されていたのだ。

こうして、ポルトガル人のカブラルによるブラジル発見から三年後の一五〇三年、フランスのゴヌヴィル船長がブラジルの沿岸地方に到着する。数々の冒険ののち、一五〇五年五月、彼は、トゥピナンバ族の族長の息子でエソメリックという名の若いインディオをつれてオンフルールにもどった。当時の記録は、大海を渡った何百人もの剛胆な船乗りのうち、ゴヌヴィルを含む数名の名前しか書き留めてはいない(13)。それに、そうした航海について残された多くの情報も、フランス人と野生人との交易がいかに頻繁で活発であったかということについて、きわめて不完全にしか伝えていないということは確実である。このことは驚くには当たらない。そうした航海は民間の船舶業者も出資して行われたが、彼らはおそらく、商売敵に知られないように、できるだけ〔船の〕「製造」についての秘密を守ろうとしただろうから！　そしてまた、容易に想像がつくことだが、比較的とぼしい文書資料は、膨大な伝聞情報によって補われていたはずだ。それは、ブルターニュやノルマンディからラ・ロシェルやボルドーにいたる港に着くアメリカ帰りの船乗りたちから直接もたらされた。

ということはつまり、一五一〇年代にはすでに、フランスの教養人士《オネットム》は、その気になれば新世界の事物や人々について、さまざまな知識を得られる状況にあったということである。一五四四年、ブラジルの沿岸地方の住民について詳細に記述した航海士ジャン・アルフォンスは、きわめて巨大なトゥピ族内の三つの大部族を、正当な民族学的観点から識別できていた。その十一年後、アンドレ・テヴェとジャン・ド・レリ(14)が同地に接岸し、ブラジルのインディオについてのかけがえのない証言となる旅行記を残す。だが、この二大旅行記筆者が現れたころには、すでに十六世紀の後半になっている。

モンテーニュによれば、『自発的隷従論』は、ラ・ボエシが十八歳のとき、つまり一五四八年に書かれたという。『エセー』ののちの版でモンテーニュが本論の執筆時期にふたたび言及し、実はそのとき友は十六歳にすぎなかったと語るが、これによって目下の関心事の解決に、大きな進展がもたらされるわけではない。この思想が、わずかながらより早熟なものだったということになるだけの話だ。また、ラ・ボエシが五年後、オルレアンの学生であったときに、反体制的な法学教授の授業を聴いて本論に手を加えたという説も、ありうることではあるが、たいした影響はない。問題は、

『自発的隷従論』の大部分が一五四八年に書かれ、その後主要な論理にいっさいの変更はなかったのか、それとも、本論が書かれたのはもっとのちのことだったのか、ということだ。この点、モンテーニュは明快だ。それは「ラ・ボエシが十八歳のときに書かれた」と。つまり、その後の変更は細部に関するもの、表面的なものにすぎず、表現を明確にしたり洗練したりするためになされたのであって、それ以上のものではない、ということになる。ある思想を周辺のさまざまな思想との類似によって説明しようとする博学者の根強い性向ほどいかがわしいものはなく、こまごまと「影響関係」をもち出すことで、思想の自律性を破壊しようとする意志ほど怪しいものはない。『自発的隷従論』は、ただある、のだ。その強固な論理は緻密に、自由に展開しているのであって、同時代のいかなる論とも無縁なのである。

だからこそおそらく、『自発的隷従論』のなかで、アメリカ大陸は、まったく不在ではないにせよ、発見されたばかりの新たな民族へのさりげない——しかし明らかな——言及というかたちでのみ登場するのである。「ところで、もし今日、隷従に慣らされてもおらず、自由に惹きつけられてもいないような、まったく新たな人間が生まれ、隷従と自由のいずれについても、そのなんたるかを知らず、知っているのはせいぜい名前だけだったとして、彼ら自身が認める法律に従って、奴隷となるか、自由に生きるかのいずれかを選ぶようにしむけたとすれば、彼らは、ひとりの人間に隷従するよりは、ただ理性にのみ従うことを大いに好むにちがいない[15]」と。

ようするに、次のことはたしかだと思われる。すなわち、一五四八年のフランスにおいて、新大陸に関する知識は、すでに相当以前から伝わっていた上に、船乗りたちがたえず新たな情報をもたらしていたために、きわめて多様であったということだ。よって、ラ・ボエシのような人物が、アメリカ大陸について書かれたものや、たとえば生地サルラにほど近いボルドーのような港でのうわさ話に関心をもたなかったとは考えられない。もちろん、『自発的隷従論』の構想と執筆に、そのような知識が必要であったわけではないし、それがなくても著者は本論を仕上げられたであろう。だが、自発的隷従についてかくも真摯に問いかけ、災難以前の社会を夢想するこの青年が、「まったく新たな人間」たるアメリカの野生人の肖像——探検家たちがすでに長年にわたって描いてきたものだ——に刺激を受けなかったなどということが、はたしてありうるだろうか。彼ら野生人は、信仰も、王も、法もなしに生きているのであり、この民族にとって、人間には法も君主もなく、各人が自分の主人なのである。

権力の縦軸によって支配者と被支配者とに〈区別〉された社会において、人間同士を結びつける関係が、障害なしに、自由のうちに展開することはありえない。君主であれ、独裁者であれ、圧政者であれ、権力を行使する者は、臣民が一致して服従することをひたすらに望む。臣民はその期待に応え、主人の権力欲を実現する。それも、主人がもたらす恐怖によってではなく、帰順というしかたでみずからの服従欲を満たすことによってである。脱自然化は自由の記憶を捨てさせ、ついでそれを取りもどす意欲を失わせる。〈区別〉をともなうすべての社会は、こうして持続していくさだめなのだ。脱自然化は、支配者が従属者たちに対して必然的に抱く軽蔑と同時に、臣民が君主に対して抱く愛、民衆が圧政者の人柄に向ける崇拝というかたちで現れる。だが、つねに下から上に向かって噴出しつづけるこの愛の激流、臣民の君主に対するこの愛情はまた、臣民同士の関係をも脱自然化してしまう。いかなる自由も排除され、社会を統御する新たな法が定められるのだ。「圧政者を愛すべし」という法である。そうして、愛情不足は違法行為となる。だれもが法の遵守に努め、だれもが隣人を、法への忠誠心によってのみ評価する。法への愛——自由への恐怖——によって、臣民は各々、君主と結託するようになる。圧政者への服従は、臣民同士の友情を排除するのである。

では、〈区別〉なき社会、圧政者なき社会、原始社会はどうであろうか。そうした社会は、自由への志向性をあるがままに発展させるのであり、まさに、平等な者同士の障害なき関係を自由に育むことによってしか存続できない。これとは異なる性質の関係は、いかなるものであっても発生しえない。社会を死に至らしめることになるからだ。平等は友情のみを欲し、友情は平等のなかでしか生まれない。

現代のグアラニ族インディオ――かつての「まったく新たな人間」を頑固に継承するはるかなる後裔である――が、彼らのもっとも神聖な歌のなかで語っていることを、もし若きラ・ボエシが聞いたら、なんと感じただろうか！　彼らの偉大な神ナマンドゥは、暗闇から現れて世界を造った。そこでまずは、神々と人間に共通の要素として、言葉をもたらす。神は人間の使命を、言葉を受け取り、言葉のなかで生き、言葉の保護者となるように定める。言葉を守り、言葉によって守られる者、これこそが人間であり、神々によって等しく選ばれた者である。社会とは、言葉という共通財産の享受によって成り立つ共同体である。神の思し召しによって――つまり自然によって！

——平等なものとして創造された社会は、全体としてひとつ、すなわち〈区別〉なき存在である。そこにあるのは、ムボラユ（*mborayu*）、部族の生、部族の生存意志、そして、平等な者同士の部族的連帯だけだ。ムボラユとは、友愛のことである。友愛が築く社会はひとつであり、そのような社会の人間は、みなでひとつの存在なのである。(16)

注

（1）Pierre Clastres, «Liberté, Malencontre, Innommable», in *ABE.*, pp. 247-267. なお、原文よりも数箇所改行を増やした。

（2）ピエール・クラストル（一九三四―七七）：人類学者、民族学者。政治人類学の著作によって知られる。パラグアイのグアヤキ民族に関する調査を行う。主著に、『グアヤキ年代記』『大いなる語り——グアラニ族インディオの神話と聖歌』『国家に抗する社会——政治人類学研究』など。

（3）十六世紀において、『自発的隷従論』はこの別名によって知られていた。本書解題一三二および一五七頁参照。

(4) クラストルは、この「区別」(division)という語を、もっぱら「社会における支配者と服従者との区別」という意味で、術語のようにして用いている。以下では、〈区別〉と表記する。

(5) 本書三〇頁。

(6) 本書三〇頁。

(7) 【原注】とりわけ、次の短い論文を参照のこと。Jacques Dournes, «Sous couvert des maîtres» dans les *Archives Européennes de Sociologie*, tome XIV, 1973, n°2.

(8) 「個体が性的に成熟する前に死に至る突然変異」(三省堂大辞林)。

(9) 本書解題(一三九頁)参照。

(10) 【原注】Cf. G. Chinard, *L'Exotisme américain dans la littérature française au XVIe siècle*, Paris, 1911.

(11) 一五〇七年ドイツの地理学者マルティン・ワルトゼーミュラーが『世界誌序論』のなかで、ヴェスプッチのラテン名(Americus)をとって新大陸をアメリカと名づけることを提唱した。

(12) 原文では「赤道フランス」(France équinoxiale)となっているが、誤りである。「南極フランス」は、現在のブラジルに相当する地域。アンドレ・テヴェは、ヴィルガニョン提督の新大陸探検に司祭として同行。帰国後の一五五七年、『南極フランス異聞』(*Les Singularités de la France antarctique*)という旅行記を刊行する(邦訳:「南極フランス異聞」、山本顕一訳『大航海時代叢書』第二期19『フランスとアメリカ大陸1』、岩波書店、一九八二年、所収)。ちなみに、モンテーニュ『エセー』I・31「食人種について」は、南極フランスに十年以上住んでいた執事の証言をもとに書いたとされている。

(13)【原注】Cf. A. Julien, *Les Voyages de découverte et les premiers établissements*, Paris, 1947.

(14) ヴィルガニョンの求めに応じてブラジル(南極フランス)に渡り、一五五七年、『ブラジル旅行記』(*Histoire d'un voyage fait en la Terre du Brésil*)を刊行する(邦訳:「ブラジル旅行記」二宮敬訳『大航海時代叢書』第二期20『フランスとアメリカ大陸2』、岩波書店、一九八七年、所収)。

(15) 本書三三頁。

(16)【原注】Cf. P. Clastres, *Le Grand Parler. Mythes et chants sacrés des Indiens Gua-rani*, Paris, Seuil, 1974.(邦訳:ピエール・クラストル『大いなる語り――グアラニ族インディオの神話と聖歌』毬藻充訳、松籟社、一九九七年)

なお、「みなでひとつの存在」とは、『自発的隷従論』からの引用である(本書二七頁)。

解説　不易の書『自発的隷従論』について

西谷　修

十六世紀半ばのフランスで夭折した一法官の遺した若書きの論文を、二十一世紀初頭の日本でなぜあらためて紹介しなければならないのか？

たしかに、フランスではそれなりに知られ、一部で長く読み継がれてきた古典ではある。だが、いまこれを日本に紹介しようというのは、人文知が顧みられず古典も冷遇される時世に、ルネサンス期人文学の書棚の欠落を駆け込みで埋めておこうといったアカデミックな配慮からではない（この論文には荒木昭太郎訳（一九六四年）と関根秀雄訳（一九八三年）があるが、いずれも単行本としては刊行されてはいない）。一見素朴で古風にも見える四世紀以上も前の小論、それも世知に長けていたとも思われない早熟な若者の手になる論文が、その後のどんな類書よりも事柄の本質を直截《ちょくせつ》に突いており、そこに開示された「真理」がとりわけ現在の日本で、支配的秩序の構造を照らし出すのにうってつけだというだけでなく、共同存在としての人間のありようを根本から考えるうえでも啓発的で、ぜひこの論文を手近に読めるものにしたいと考えたからである。

ちなみに、二十世紀に全体主義批判の文脈で何度か援用されたこの論文は、政治的全体主義が経済のグローバル化のなかに呑み込まれる時代にも、今度は政治的抵抗の足場を確かめるためにしばしば言及されている（たとえばジーン・シャープはその「非暴力抵抗」の理論化のためにこれを引用しているし、最近の「新自由主義社会における欲望と隷属」を扱ったフレデリック・ロルドンも『なぜ私たちは、喜んで〝資本主義の奴隷〟になるのか』の冒頭でラ・ボエシを援用している）。

不穏な文書

本文訳には、十六、十七世紀のフランス文学・思想に詳しい訳者山上浩嗣氏による意を尽くした解題が付されている。だがこの小著の出版を慫慂《しょうよう》した者として、訳者の解題とはいささか異なる観点から、この書が注目されるべきいくつかの理由を述べておきたい。

この夭折した法官の遺した書き物はわずかで、詩文を除けばほとんどこの一作と言ってもよい。モンテーニュの無二の友で、この大作家が『エセー』のなかで格別の一章を割き、比類ない「友情」を分かち合った相手として回想したためその名が知られているとしても、当初は亡き親友の才気あふれる遺稿をありうべき「危険」から守るため自著に組み込んで刊行しようとしていたモンテーニュは、結局「誤解」を恐れてその計画を断念しており、そのままならこの小品は陽の目を見ないまま歴史の塵と化してしまったかも知れなかった（山上氏の解題に詳しい）。

にもかかわらず実際この文書が生き残ったのは、他でもないそれ自身の秘めた力によってである。論文にはいくつかの写しがあり、著者の死後二度にわたって、国王と対立するユグノー派（新教徒）の反乱を鼓吹する文書として部分的に流布した（それがまさにモンテーニュに刊行を思いとどまらせる理由となった）。その後、「ナントの勅令」（一五九八年）によってカトリック・プロテスタント間の抗争に終止符がうたれるとこの文書もいつしか忘れられ、再び浮上するのは約三世紀後、フランス革命期に急進派指導者マラーが自著のなかに用いたことによってだった。そしてようやく革命後の一八三五年、論文の全体がフランソワ・ド・ラムネの手によって初めて単行本として出版される。革命思想の先駆けと評価されたからである。それ以降この文書は古典として今日に伝えられているが、それが歴史の闇を潜って生き残ったのは、この書を「誤解」や「濫用」から守ろうとした人びとによってではなく、この書によってやみがたく「目覚めて」しまった人びとの手によってだったと言ってよいだろう。

「フランス人の目覚ましの鐘」というのは、この文書が最初に部分的にパンフレットとして流布したときのタイトルである。もちろん、著者の意図を離れてある政治的意図のもとに勝手に裁断され利用されるのは、原著にとってはたいへん迷惑なことだろう。だが、モンテーニュや後代の学者たちが、不穏な臭いを漂わせるこの文書を何とか目立たぬよう書棚の奥にしまい込もうとしても、すでに流布していた断片は人びとを「目覚めさせ」、長い年月を経ても機会が訪れるたびに、圧政に抗しそれと戦おうとする人びとを鼓舞すべく、喧噪にまぎれて呼び出されるのである。たとえそれが、扇動のための政治文書として書かれたものではないとしても、権力による支配や人間の自由について独特の考察をめぐらしたこのエッセイは、圧政に対する戦いが沸き起こるたびに蘇り、まさに「目覚ましの鐘」として人びとの心に響き、「解放」のための戦いに立ち上がらせたのである。いささかも扇動の意図がなくとも、〈真理〉は人びとを「目覚めさせ」、その生き方考え方を変えさせずにはいない。

本書の功徳

この小著の眼目は、圧政が支配者（しばしばただ一人の者）自身のもつ力によってではなく、むしろ支配に自ら服する者たちの加担によって支えられると論じた点にある。強権的支配や圧政が問われるとき、たいていの場合人は、支配者の側に圧倒的な力を想定し、それによって弱者が受難を強いられると受けとめる。そして力の独占と専横、その圧政を被る犠牲者、言いかえれば加害者と被害者、強者と弱者といった図式があてがわれ、そこに善悪の判断を重ねて「強者＝加害者」の悪を告発する、といった構えができる。

だが著者は、この図式よりも先に、支配秩序に関わる人びとの具体的な相を見る。支配者が一人ではそれほど強力で残忍だとは見えないにもかかわらず、古今東西どこでも「一者の圧政」が広まるのはなぜなのか。獣たちが檻《おり》を嫌うように人間の本性はもともと自由を好むものではないのか。それなのに、人びとは隷従を求めるかのように支配に甘んじ、支配されることのうちに自由や歓びを見出しているかのようだ。その不条理の前にラ・ボエシは、なぜ人びとはかくも従容《しょうよう》として隷従を選びとり、ときにそれを嬉々として支えさえするのか、と問う。要するにかれは、圧政の正邪を論じるのではなく、そのような支配を可能にしているからくりを「人間の本性」から探ろうとしている。その意味でかれは、政治論者であるよりも人文主義者（ユマニスト）なのである。そしてかれがそこに見出したのは「臆病と呼ばれるにも値せず、それにふさわしい卑しい名が見あたらない悪徳」（一五頁）であり、名指されることのなかったその悪徳にかれは「自発的隷従」という名前を与えたのである。支配と被支配、圧政と忍従、この対立図式をかぶせると見えなくなってしまう支配秩序のからくり、それを摑み出し、名づけて見えるようにした、これがラ・ボエシの無類の功績である。

一人の支配者は独力でその支配を維持しているのではない。一者のまわりには何人かの追従者がおり、かれらは支配者に気に入られることで圧政に与《あずか》り、その体制のなかで地位を確保しながら圧政のおこぼれでみずからの利益を得ている。そのためにかれらはすすんで圧政を支える。かれらの下にはまたそれぞれ何人かの隷従者がいて同じように振る舞い、さらにその下にはまた何人かの……、という具合に、自ら進んで隷従することで圧政から利益を得る者たちの末広がりに拡大する連鎖がある。その連鎖が、脆弱なはずの一者の支配を支えて不動の体制を作り出している。そう見てとって、圧政を支えるその鎖の一つひとつのあり様をラ・ボエシは「自発的隷従」と呼ぶのである。圧政は一者の力によってではなく、この体制のもとで地位を得かつ利益を引き出す無数の追従者たちによってむしろ求められ、そこに身を託す多くの人びとによって支えられている。そしてその底辺には、圧政を被り物心両面で収奪されるばかりの無数の人びとが置かれているということだ。けれどもその人びとでさえ、「パンとサーカス」で慰撫され気を逸らされて、圧政からの解放を求めるよりも気晴らしの娯楽で憂さを忘れ、むしろそれを取り上げられることに怒りを向けて、支配の継続を求める傾向さえあることを、ラ・ボエシは過《あやま》たず指摘している。

このような支配構造の解剖が、圧政にあえぐ人びとの反抗心を鼓舞しただろうことは想像に難くない。国王の圧政はそれ自身の力によるものではない。われわれ自身が支配の秩序を支えているのだ。今こそ目覚めよ、圧政は怖くない、われわれがそれを支えるのをやめさえすればそれは崩壊するのだ、これ以上不当な境遇に甘んじるな、と。

もちろん、ラ・ボエシは民衆の蜂起を促すためにこの文書を書いたわけではないだろう。それは、「寛容」を説いたモンテーニュ同様、法官として当時の宗教戦争の和睦に奔走したというかれの振る舞いをみても明らかだ。だが、だからといってこれが「危険」な文書でないということにはならない。「名指されない悪徳」を描き出してそれを名づけ、〈真実〉を暴き出すことは、民衆を眠らせることで秩序を維持してきた者たちを脅かすことになる。いつの時代にも、権力の秘密を暴く者は権力によって厳しく追及される。だからこそモンテーニュは、親友の書いたこの文書を高く評価しながらも、一定の声望をもつ自分の著書という真綿に包んでしか刊行できないと考えたのだ。

啓蒙の向こう側から

ラ・ボエシが暴いてみせた「自発的隷従」は、政治体制がどうであれ――王政だろうが民主政だろうが――少数者による多数の支配があり、とりわけ圧政が維持されているところではどこにでも見られる事態だろう。たしかに、ラ・ボエシは支配の体制が実は支配される側によって支えられると見る点で、きわめて「近代的」な見方をしていると言えなくもない。だが、ここでの観点は「権力は民衆に由来する」といった近代的な観点とは違っている。それにかれは「権力」というものをまったく神秘化していないし、実体的な力とも考えていない。むしろそれは「自発的隷従」の複合、言い換えれば支配に寄生しそこから利益を得る人びとの組成によって生み出されるとみなしている。

この書を書棚に並べて解釈する後代の学者たちの間では、ラ・ボエシの考えは啓蒙主義以降の「自由」や「社会契約説」の先駆けをなすものと評価されているようだが（山上氏の解題による）、これはむしろ啓蒙主義に特有の倒錯だと言わねばならないだろう。啓蒙の進歩史観や歴史主義は、現在を基準にし、先行する物事を後に来るものの前段として位置づけ評価しようとするが、ラ・ボエシ自身は近代以降の学者たちの頭に染みついたそのような進歩の価値づけには染まっておらず、ただ古今東西の圧政の事例を同じように並列的に引いている。かれが参照するのは、「自然本性」の観察や古典的文献に見られる事例のみで、そこから引き出せる特徴と言えば、その素養に立つことで彼がキリスト教的な神権政治の観念の外にいるということである。それによって彼は「近代的」になっているのではなく、むしろ啓蒙的近代には囚われない観点に立ちえている。

事実、ラ・ボエシが前提とするのは、「本性に従って自由を好み」、「理性的に生きる」人間である。その「理性」は人間固有の知的・精神的能力というより、生きるのに必要な

「道理」に近く、その「自由」も孤立した個人を前提とした近代以降の考えとは違って、理性的な人間が「友愛」に生きるのを可能にするような我執のない「自由」である。彼の人間観・社会観は、「分断され孤立した個人」（個的主体）というキリスト教由来の近代的人間を前提とはしておらず、そこからは「契約説」（ホッブズ、ルソー）や「主人と奴隷の弁証法」（ヘーゲル）は導かれない。だが、だからといってラ・ボエシの考えが遅れたもの、近代初頭の未成熟な考えだということにはならない。むしろ、啓蒙的「解放」や「進歩」の図式が押し付ける枠組みに囚われないだけ、いつの時代にもまたどこでも、共同存在としての人間が作り出す統治秩序の、圧政転化のからくりを、直截的に摑み出すことができているのである。

ルソー的民主主義からも社会主義革命からも独裁は生まれる。「一者による支配」と圧政は、何も古代や近世の王国だけの話ではない。シモーヌ・ヴェイユがスターリン体制にふれてこの書を想起し、二十世紀の全体主義批判の思想家たち（クロード・ルフォール、マルセル・ゴーシェ等）がこの書に注目したように、しばしば理不尽な権力が民衆の同意によって支えられることがある。それもただ単に宣伝にのせられてというだけではない。「自発的隷従」はひとつの支配秩序が隠しもつ内的なメカニズム、支配を一方向のベクトルとして見たときには隠されてしまうその内的な依存関係を言い当てている。

エティエンヌ・ド・ラ・ボエシがいま思い起こされるのは、宗教戦争の時代に古典的教養で育った犀利《さいり》な若者が、そのまっすぐな知性で見抜いた圧政存続のからくりが、二十一世紀のいまでもいたるところに存在しかつ作り直される、理不尽な支配や統治体制の基本的構造を照らし出すからである。手の込んだ抽象的な権力作用の理論化ではなく、人びとの生存の様態に目を向けてずばりと的確に言い表された表現が、時代を超えて、人びとの生きる社会のあり方や、それを規定する核心的な関係を、鷲づかみするようにして理解させてくれる。「自発的隷従」とはそのような表現なのである。

現代日本の「自発的隷従」

ラ・ボエシが語る「圧政」は、もちろん近代の国民国家以前の支配秩序を想定している。けれどもかれが照らし出すのは、どんな支配形態のもとであれ、圧政を生み出し支える諸要素の非制度的な関係についてであり、ひとつの支配秩序が支えられ永続化されることの内的かつ構造的な秘密である。だからそれは、二十世紀の全体主義的秩序の批判的解明に示唆を与えることができたのだが、それだけでなく、世界戦争以後のグローバル秩序における超国家的（そう言ってよければトランス・ナショナルな）支配関係のからくりをも同じように照らし出す。だからこそ、ラ・ボエシの言う「自発的隷従」が今日の日本できわめて啓発的な意味をもつのである。

とりわけ、第二次世界大戦後の長きにわたるアメリカとの関係が想起される。ある者たちはこれを「同盟関係」と言い、ある者たちは「従属関係」と言う。この関係はいったいどうなっているのか。約半世紀にわたった自民党の独占的統治の体制が崩れて、初めて本格的な政権交代が起こったのは二〇〇九年の秋だった。アメリカ流の新自由主義的政策の導入で疲弊した日本の社会を変えるという公約を掲げて成立した民主党の最初の内閣は、それまでのあらゆる政策の根幹にあった日米関係の「見直し」と、それと表裏一体の「東アジア重視」を打ち出し、まず普天間基地移設に集約される沖縄の米軍基地問題に手を付けようとしたが、たちまち「アメリカが怒っている」、「日米同盟が危ない」といった非難の集中砲火を浴び、鳩山内閣は一年ももたずに退陣に追い込まれた。民主党政権はアメリカの不信を買っていると言われ、「日米関係の修復」が声高に求められる。いまや日本には「対米追従」しか選択肢がないかのような、この「アメリカ同調」圧力はどこから来ているのか。

日本はアジア太平洋戦争に敗北し、五年間アメリカの占領統治下に置かれた。その間に、「戦争放棄」を定めた日本国憲法が制定され、一九五一年に連合国とサンフランシスコ講和条約を結ぶことで独立を回復したが、この時、アメリカ軍の駐留継続を認めるため二国間の安全保障条約を結び、また、沖縄が切り離されてアメリカ軍が自由に使える軍事基地の島とされた。敗戦直後、日本の非武装化や民主化を求めていたアメリカは、朝鮮戦争後、冷戦が深刻化するなかで、今度は日本にアジア防衛の一端を担わせるため、再軍備に向けた憲法変更と教育基本法の変更を求めるようになる。その要請に応えて、日本に安定的な「親米」政権を作るべく、保守勢力を統合し「自主憲法制定」を掲げて結成されたのが自由民主党だった。そして一九六〇年、岸内閣によって日米安保条約が締結し直され、自由民主党はこの条約の体制下、以後半世紀にわたって日本の統治を担ってゆくことになった（「改憲」を党是とするこの政党にとって、日本国憲法よりも日米安保条約のほうが基軸となる不動の基本法規であるかのようだ）。

そのようにして日本はアメリカの「核の傘」の下に入り、「平和と繁栄」を享受して、核の惨禍の記憶を払いのけながら「平和利用」という触れ込みの原発を鳴り物入りで導入してゆく。多くの人びとは日本を打ち負かしたアメリカの強大さと華やかな「文明」に魅了され、アメリカに憧れ、アメリカに従い、アメリカを見習って、何でもアメリカ風にすることをよしとするようになった。その風潮は二世代、三世代にわたって引き継がれて今日にいたっている。

ここでラ・ボエシを聞いてみよう。

人はまず最初に、力によって強制されたり、うち負かされたりして隷従する。だが、のちに現れる人々は、悔いもなく隷従するし、先人たちが強制されてなしたことを、進んで行うようになる。そういうわけで、軛《くびき》のもとに生まれ、隷従状態のもとで発育し成長する者たちは、もはや前を見ることもなく、生まれたままの状態で満足し、自分が見いだしたもの以外の善や権利を所有しようなどとはまったく考えず、生まれた状態を自分にとって自然なものと考えるのである。（本書三五頁）

これが稀な「親米国家」形成とその持続の秘密ではないのか。とりわけ、その「隷従状態」に利益と安逸を見出す者たちにとってはこの体制は「自然」なものである（アメリカが世界の覇者だったからなおのことそうだ）。新安保条約は期限を一〇年とし、以後は双方の一年前の事前通告で破棄できることになっているが、一九七〇年に自動更新されて以来、この条約は一度も改廃を問われたことがない。七〇年の更新は沖縄の施政権返還とセットになっていたが、それ以後日米安保の存在は日本にとって動かしえない所与の前提であるかのように、世界の冷戦構造が崩れても基本的にはそのまま今日まで存続している。

その間、「日米地位協定」（たとえば、犯罪を起こした駐留米兵の裁判権が日本にはない）に具現されているようなアメリカへの従属は、日本にとってあたかも「自然なもの」であるかのような環境が作られ、国際政治であからさまにアメリカに追従することは言うに及ばず、経済においても文化においても、アメリカに従い、アメリカを範とし、「アメリカのようになる」ことが理想のように求められてきた。とくにあらゆる分野のエリートたちは、アメリカで教育を受けたり職業訓練を受けたりして帰国し、二言目には「アメリカではこうだ」を切り札のようにもちだし、それにそぐわないものを「遅れている」とか「無知」なものとして見下そうとし、それで自らを権威づけながら国内で影響力を振るうのである。要するに「アメリカ」は日本にとって「自然」な準拠のような位置を占めてきた。

日本の財界・学界・メディア界等のエリートたちは、もはやその従属を従属と意識せず、むしろ自分たちこそ「自由」を身につけていると思い込み、アメリカに褒められることを名誉とし、「アメリカのようである」ことを誇りさえする。もちろん、そんな連中に関しては、「従属を勝ち取った」気になり、「従属を抱き締めている」と憐れんでやればよいが、たちが悪いのは、自分たちが祀り上げるアメリカの威光を、自分たちの恣意的な権力行使の後ろ盾にしたり、自分たちにとってアメリカとの関係が命綱だからといって、他の者たちにまで「アメリカが怒っている」、「日米関係が危ない」と圧力をかけて、日本全体に従属を押し付けようとすることだ。

ラ・ボエシはこうも言っている、卑怯よりも卑しい、名指されない悪徳と。「……だが、圧政者のまわりにいるのは、こびへつらい、気を引こうとする連中である。この者たちは、圧政者の言いつけを守るばかりでなく、彼の望む通りにものを考えなければならないし、さらには、彼を満足させるために、その意向をあらかじめくみとらなければならない。連中は、圧政者に服従するだけでは十分ではなく、彼に気に入られなければならない……」(七〇頁)。こういう手合いが、冷戦終結後二〇年を経たいまも旧態依然の日米関係を不問の前提のようにして支えている。それは日本におけるかれら自身の地位が、この永続的とも願われているらしい従属関係を足場にしているからである。

もちろんこれはラ・ボエシが論じているような一国の支配秩序を超えた話である。だが、世界戦争以後のとりわけグローバル化した世界では、支配秩序は一国規模にとどまらない。占領下の日本の統治がアメリカの権威のもとに置かれていたように、そして冷戦下でアメリカが「自由世界の盟主」であり、日本がその「核の傘」の下にあったように、日本の統治構造、それに支配層やエリート層にとっては、アメリカ(とその大統領)は他でもない世界秩序の頂点に立つ「一者」にあたっている。そしてその「一者」の支配秩序を日本に浸透させ、日本を他に類のない「親米国家」に仕立て上げているのが、支配エリートたちのこの「自発的隷従」なのである。ラ・ボエシの暴露してみせた支配秩序のメカニズムが、こうして現代の国際環境下における日本の統治のあり方をみごとに照らし出している。「自発的隷従」という言葉ほど、この事態を把握するのに適切な表現はないだろう。

人間の生存条件

「自発的隷従」とは逆説的な表現である。西洋語の「自由」は元々、奴隷の境涯に対して、隷従を強いられず、また拘束を受けない状態を指して言われた。「自発的隷従」とは、強いられもしないのに「みずから進んで奴隷になる」ということである。するとそこでは「自由」と「隷従」との区別はなくなってしまい、その状態でなされる行為は、主体的かつ自律的なのか、受動的かつ他律的なのか、その区別もたがいに打ち消し合うことになる。けれども、そのような状態が生じるのは単に政治的な事象においてだけではない。

権力ばかりでなく権威に関わる事象にもこの観念は無縁ではない。とりわけ西洋世界でまず想起されるのは、このような論理がキリスト教信仰の核心にも埋め込まれているということである。「使徒行伝」のパウロを受けて、アウグスティヌスが「自由意志論」や「恩寵論」で教義化しているように、人間は神に隷従し、神の奴隷となることではじめて自由を獲得する、つまり罪から解放される、という論理がそうだ。だからキリスト教徒にとっては、神への隷従が他ならぬ自由の条件なのである。その義は、人間は地上で欲望の牢獄（罪）に囚われており、自らの自由意志によってはそこから抜け出すことができず、ただ神の恩寵にすがる他ない、それが信仰であり、救済への道だという考え方だ。神への隷従なしに自由はありえない、この考えは「予定説」を通じてプロテスタントにも引き継がれている。

だとすると、ラ・ボエシの論の原型はキリスト教の教義にあるとも見えるが、かれがそれを念頭に置いていたとすれば、これはキリスト教に対する冒瀆的な読み換えだということになるだろう。というのは、「自発的隷従」は全能の神に身を委ねて罪から解放される信仰の道であるどころか、卑屈に一者にとりいり圧政を支えて身を肥やす連中の、もっとも唾棄すべき悪弊だというのだから。けれども、ラ・ボエシは神学論議をしない人文主義者であって、これをまったく俗世のこととして語っており、ニーチェ風に「奴隷の信仰」としてキリスト教を批判するといった意図はうかがえない。

また、宗教的コンテクストを離れて世俗に目を移しても、「自発的隷従」がある形而上学的な意味を帯びて浮かび上ってくる場面がある。それはたとえばカズオ・イシグロの名作『日の名残り』などを読むときがそうだ。この作品は、貴族の家の執事などというものがイギリスでも旧時代の遺物として消えてゆく運命にある頃（第二次大戦から戦後の時期）、「理想の執事」たることだけを信条に、おのれを無化して主人の意志や思念を内面化するまでに主人に尽くそうとする男の物語だ。どこまでも主人の忠実な影となり、その手足となること、そしてその献身がもはや奉仕とは見えなくなるまでに無償化すること、それが彼の欲望のすべてである。そのため、慎ましい召使女の自分に対する長年の恋慕の情にも気づかず、使用人もまた自由であることを好む新しいアメリカ人の主人に対しては、自由にふるまうすべをわざわざ学んで主人の意に適おうとし、それを主人に気どらせない「完璧さ」に高めることに、かれはおのれの生のひそかな充溢を見出す。ここには、あらゆる自由意志が隷従へと差し向けられ、それが無上の喜びをもたらすという「自発的隷従」の極みが描かれているように見える。ただし、ラ・ボエシの話題の場合と違うのは、この「隷従」は身分制の名残をとどめた主従間の関係のなかで私的に完結し、他に隷従を強いることはないということだ。

これは執事という身分を枠組みにしているが、カズオ・イシグロは同じ趣向をまったく別の設定で、さらに一般化して作品にしている。それが『わたしを離さないで』だ。この作品は、移植用臓器を供給するために育てられたクローンたちが、自らの運命の枠内で定められた短い生をまっとうしてゆくという物語だ。かれらは成長するとまず「介護人」に、そしてやがては「提供者」となり、何回かの「提供」を経てそれぞれの生を「まっとう」してゆく（翻訳では「使命を果たす」とあるが、原語は"complete"）。そこにはこの理不尽な運命に対する抗議や抵抗はほとんどなく、それが自分たちの自明の生の形であるとでもいうかのように、かれらは従容として枠づけられた階梯をたどり、成長しそして短い生を終えてゆく。かれらは、自分たちの生がいわば他者たちの道具の地位に限定されており、その枠内でしか生きられないという条件をそのまま受け入れ、その限界のこちら側に留まって生を終える。その気があれば越えられるとも思われるこの不条理で理不尽な限界が、魔法の結界ででもあるかのように、彼らはそれを越え出ようとはしない。ここでも「執事」と同じパターンで「自発的隷従」という表現が想起される（あるいは、少し観点をずらせば、むしろこれは「わたしたちの飢えを解決するには子供を食用にすればよい」という、ジョナサン・スウィフトの『奴婢訓』を思い出させるものかもしれない）。

けれども、この作品の読者の多くが、クローンという存在の意味に目を向けるよりも、クローンたちの生を「私たちの人生と同じだ」と受けとめている（そういう感想が多かった）というが、そこにも表れているように、この作品で主人公たちが従容として受け入れる限界とは、われわれすべてに課されている「死」という限界と同じだと言うこともできる。人は限られた期間の生を生きる。そして誰も死を免れることはできない。まさにその意味ではクローンもまったく「人間と同じ」なのだ。言い換えれば、われわれは逃れられない死という「主人」に隷属しており、死の課す結界を受け入れるかぎりで、それぞれに充実した生をまっとうしてゆくことができるというわけだ。

だとしたら「自発的隷従」とは、いずれ限定された領界をしか生きられない、われわれの生、言い換えれば「有限の生」の可能性の条件そのものの謂《い》いなのかもしれない。とは言うものの、ここでのクローンという設定はその条件の不条理を暗黙のうちに浮かび上がらせてもいる。

そこでもうひとつ想起されるのは、たとえばパレスチナの人びととの政治的に限定された生である。彼らは住む土地を奪われ、イスラエル国家の強大な軍事的支配のもとで、それに逆らわず隷従を受け入れてゆくことでしか生存の可能性を得られない。その限界を踏み破ろうとすると、そこはもはや生きられる空間ではなく、結界を破れば死か牢獄が待っている。というより、抵抗は死に直結し、死を選ぶに等しい。だからそれは文字どおりの「自爆」になってしまう。そんなパレスチナの若者たちの運命を扱ったのがハニ・アブ・アサド監督による『パラダイス・ナウ』(二〇〇五年)という映画だったが、この状況と、イシグロの描き出すクローンの世界とは、ほとんど同型ではないだろうか。クローンたちも、その分限という結界を破れば、たちまち社会的に「処分」されることになる。それがわれわれの生の一般的条件と異なるのは、われわれの生の有限性という基本条件が生物学的に規定されたものであるのに対し、イシグロの描き出す世界やパレスチナの状況は、技術的に規定されたひとつの社会の制度的な条件であったり、国際政治の状況に規定されたやはり人為的な条件である点だ。

では、「自発的隷従」の構造は人間の存在の重なる層をどこまで遡るのか。ひょっとしたらそれは、人間が言葉によって生存を組織する存在であるというところに根差しているのかもしれない。言葉は規範的性格をもつ。つまりわれわれは言葉を操るようになる前に、うむを言わせぬ言葉の約束事に従わなければならない。日本語では犬は「イヌ」と発語しなければ、誰にも何のことか通じないのだ。誰が決めたのでもないこの決まりをまず呑み込んでそれに身丈を合わせなければ、人は言語的コミュニケーションの圏域に入ることができない。それによって人は、言語的共同性に参入して話す主体になる。つまり、まず共通の規範を受け入れる。するとその規範の作り出す枠組みに則って、人は自由にものを言い、それを通して自由を現実化することができるようになる。ただし言語は、誰かの作ったものではない。あるいは、人間が作ったというより、言語の生成が人間を可能にしたのだと言うほかないものだ。それがおそらく人間という共同存在の条件なのである。だからそこには「自発的隷従」という表現はそぐわないが（誰もその時点で「自発的」ではない）、言語の規範性に従うことで主体となるというこの人間の成り立ちのうちに、規範的な力と主体の自由との入り組んだ関係の発端をみることはできるだろう。このことは掘り下げて考えるに値する。

言語使用に埋め込まれたそのような構造は、人為的なものではなく、むしろ人間がそれによって造形される鋳型のようなものである。ピエール・クラストルはそのラ・ボエシ論の末尾に、神から言葉を授けられ、その言葉の守り手となる人間の使命を歌ったグアラニ族の神話を紹介し、「社会とは言葉という共有財産の享受である」という美しい命題を記している。その次元ではまだ〈区別〉がなく支配も権力もない。けれどもその社会を支える「贈与と享受」は、力の関係が介入すると「従属と自由」に変質し、その構造が人間の意図の作用するレヴェルで社会的に反復形成されると、それは人為的な拘束として機能することになる。だが、もともとそこは人が「自由」に生きるべき領域だ。その領域で人びとの生存の可能性としての「自由」を撓《たわ》めるのが、生来とみなされた身分的な束縛であり、魔術的な結界であり、あるいは権力的な支配構造であり、それを支えるのが意識化されない「自発的隷従」の構えだということになるだろう。

ラ・ボエシのまったく手の込んでいない論文は、青年の直截な知性から自然な疑問に向き合い、ある原型的真理を鷲づかみにして取り出して、それに「自発的隷従」という名を与えた。この表現はその後何世紀にもわたって圧政に苦しむ人びとの「目覚ましの鐘」となり続けたが、それにとどまらず、この〈真理〉は人間の生存の一般条件にまで読む者の考えを波及させ、権力関係の源泉にまで届く潜在的な射程を秘めている。考えさせられることの底は尽きないが、それがこの小論の通り一遍では摑めないたぐいまれな美徳（力）である。

訳者あとがき

留学中のパリの書店で、ポケット版の『自発的隷従論』を見つけたのは、いまから十五年ほど前のことだ。大学の授業の教科書にでも指定されていたのだろう。陳列棚に平積みになっていた。モンテーニュに興味をもちはじめていたころで、ラ・ボエシの名前は知っていたが、本の内容はほとんど知らなかった。表紙にある「隷従」servitudeと「自発的」volontaireという二語の組合せがぴたりと決まっていて、まるで洗練された広告コピーのようだと思った。すぐさま購入し、近くのカフェでさっそく読みはじめたが、最初の一ページで挫折した。十六世紀のフランス語にはとても歯が立たなかった。これと取り組むにはじっくり腰をすえる必要があると思った。

ほどなく帰国し、東京大学教養学部フランス科研究室に助手として勤務するようになった。同僚の上田和彦さんと一緒に、学生たちを誘って課外の勉強会を開くことにした。そのテクストとして本書を提案してみたら、それはよいと歓迎された。私にとっては願ってもないことだった。一九九九年の夏のことだ。以後、「ラ・ボエシ読書会」は、私が辞職する直前の二〇〇一年二月まで、ほぼ週に一度開催された。数名で読みはじめたが、徐々に参加者は増え、教員や学外者も顔を出してくれるようになり、多いときには十名ほどが集まった。一回につきひとりの担当者が、およそ十行程度の文章を訳し、解説するという方式で読み進めた。すんなり理解できる文など、まずなかった。ひとつの語の解釈をめぐって、研究室にもちこんださまざまな辞書や文献に当たりながら、しばしば何時間も議論した。疲れると、みんなで下北沢の居酒屋に移動した。いろんな意味で実りの多い勉強会だった。残念ながら、作業は最後の四分の一程度を読み残して中断した。

東京を離れて数年がたち、記憶が薄れてしまわないうちに読書会の成果をかたちにしておきたいと思い、『自発的隷従論』再読の作業に取りかかった。昔の資料をひっぱり出してきて、そのときどきに交わされた議論を思い出しながら、訳文を作り、注を付していった。難解な箇所の多くはすでに解決済みだと思っていたが、読めば読むほど多くの疑問が生じてきて、まだまだ理解が不十分であったことを思い知らされた。最後までたどり着くにはかなりの時間を要した。「『自発的隷従論』解説・訳・注」というタイトルのもと、二〇〇四年から二〇〇七年までの間、三回に分けて、勤務していた大学の紀要に掲載した。(注)

それからさらに三年ほどがたち、今の職場に移った二〇一〇年の春、思いがけず、西谷修さんから、この紀要原稿をまとめて一冊の本にしないかというお誘いをいただいた。自分の研究に興味をもってもらえるのはいつでもうれしいが、『自発的隷従論』が、現代の国際政治・社会問題の論客の関心を引くことを知って、なおさら感激した。あらためて、古典とは、いつの時代のいかなる問題にも、なんらかの光を投げかける力をもつのだと思った。打合せのため、初めて西谷さんと会うことになった。その場で筑摩書房の町田さおりさんを紹介された。彼女も乗り気であった。私としてはもちろん異存などなかった。

こうしてできあがったのが本書である。旧稿にかなりの手を加え、翻訳、解題、付論の三部構成とした。本文だけでも十分に内容が理解できるように、平明な訳を心がけた。注がわずらわしいと感じる人は、読み飛ばしてもらっても差し支えない。「解題」では、ラ・ボエシの生涯と『自発的隷従論』解釈の歴史に、本論の主題についての説明を付加した。そして「付論」の部には、西谷さんと相談して、シモーヌ・ヴェイユおよびピエール・クラストルの論文訳を収めた。『自発的隷従論』が哲学と人類学という異分野の思索の発展に寄与したことを示す興味深い例である。この二篇の理解に際しては、西谷さんによる案内文が有益である。

西谷さんはまた、本書全体の「解説」において、西洋思想・哲学の専門家よりはむしろ、国内外の社会や政治をめぐる現代の諸問題について考える一般の人々に向けて、『自発的隷従論』をいま読むことの意義を説いている。本書がひとりでも多くの読者を得られるように願っている。

上の経緯からも明らかなように、こんな小著でも、多くの師友の力添えがなければ、決して日の目を見ることはなかった。まずは、「ラ・ボエシ読書会」の仲間に謝意を表したい。本会で配布された資料や、その上に書き込まれたメモのひとつひとつが、本書の訳文と注に存分に生かされている。上田和彦さんをはじめ、とりわけ熱心に参加された、磯忍、オディール・デュシュッド、中村大吾、原和之、福島紘子、森元庸介、吉岡知哉の諸氏と、十六世紀のフランス語特有の語法について貴重なご教示を与えて下さった宮下志朗先生に、心から感謝申し上げる。また、小坂井敏晶さんは、本書の草稿を読み、内容と表現に関して多くの重要な問題をご指摘くださった。記して謝意を表する。

そしてもちろん、西谷修さん、町田さおりさんに、厚くお礼申し上げる。西谷さんは、初対面のときから、まるで旧知のように親しく接してくださった。隠れ家のようなおなじみの店で、杯を片手に、昔のこと、共通の知人のこと、最近読んだ本のことを語られた。ラ・ボエシに話が及ぶと、おだやかな口調で、しかし理路整然と、「自発的隷従」は現代社会においてこそ遍在する事態であることを指摘され、本訳書刊行の重要性を説かれた。町田さんは、たび重なる体調不良にもかかわらず、私の原稿をきわめて精密に検証された。送られてくる校正ゲラの全ページが、私の日本語への注文でびっしり埋め尽くされていた。私は再度原文に当たり、文章を一から練り直した。これによって表現が大幅に改善できたと信じる。『自発的隷従論』の翻訳が初めて単行本として刊行できたのは、ひとえにお二人のご尽力のおかげである。お二人の「友愛」に感謝を捧げる。

（ラ・ボエシ没後四五〇周年の）二〇一三年　十月

山上浩嗣

（注）山上浩嗣「エティエンヌ・ド・ラ・ボエシ『自発的隷従論』（解説・訳・注）」（一）『言語と文化』第七号、関西学院大学言語教育研究センター、二〇〇四年、一二五―一四五頁／同（二）同第八号、二〇〇五年、一二七―一四七頁／同（三）同第一〇号、二〇〇七年、七九―九六頁

本書は「ちくま学芸文庫」のために新たに訳出されたものである。

ちくま学芸文庫

自発的隷従論《じはつてきれいじゅうろん》

二〇一三年十一月十日　第一刷発行
二〇二〇年十月五日　第十二刷発行

著者　エティエンヌ・ド・ラ・ボエシ
監修者　西谷修（にしたに・おさむ）
訳者　山上浩嗣（やまじょう・ひろつぐ）
発行者　喜入冬子
発行所　株式会社　筑摩書房
東京都台東区蔵前二―五―三　〒一一一―八七五五
電話番号　〇三―五六八七―二六〇一（代表）
装幀者　安野光雅
印刷所　明和印刷株式会社
製本所　株式会社積信堂

ISBN978-4-480-09425-4 C0131